테크
×
문화예술교육

부산문화재단 B· ART·E 총서 3

테크 • 문화예술교육

글쓴 이   김태희 최준영 이수화 현혜연 손경환
          김선혁 전지윤 이주영 배인숙

초판 1쇄   2021년 12월 28일

기획·편집 부산문화재단 부산문화예술교육지원센터

발행처   부산문화재단
          부산광역시 남구 우암로 84-1
          T.051-745-7283 www.bscf.or.kr

발행인   강동수
출판유통 비온후
          부산광역시 수영구 망미번영로 63번길 16
          T.051-645-4115

테크

×

문화예술교육

B
ART
E
3

부산문화예술교육지원센터 엮음

부산문화재단

프롤로그

프롤로그

4차 산업혁명 시대는 많은 것이 바뀐다고 한다. 이미 우리는 그 변화 속에 살아가고 있기도 하다. 문화예술교육도 시대의 변화에 따라 새로운 바람을 마주한다. 4차 산업혁명 시대를 살아가야 할 우리에게 과학·기술 그리고 문화예술이 융합된 교육 프로그램은 필수적이었다. 그런데 어떻게 해야 하는 걸까? 어떤 결과물이 나와야 하는 걸까? 이전에도 다양한 시도는 있었지만 정답이 없는 그 길을 다시 걸어가야 했다. 정답이 없으니 막막하기도 자유롭기도 한 시작은 기대와 설렘이었다. 과학·기술 관계자와 문화예술기획자, 예술가, 예술교육가(활동가)를 모아놓으면 융합이라 부를 수 있는 어떤 결과 혹은 한 조각이라도 볼 수 있으리라는 기대와 설렘이 존재했다.

과학·기술과의 융합은 단어만으로도 우리를 상상의 세계로 안내하기에 충분했다. 예를 들어 거대한 규모의 미디어 아트 작품 같은 것들이 우리 지역의 여러 가지 사회문제와 만나 과학·기술적이고도 예술적인 참신한 방법들로 해결할 수 있을 것이라고 말이다. 그런데 상상은 현실과 달랐다. 과학·기술과 문화예술, 거기에 교육까지, 아주 비슷하고도 아주 다른 이들의 협력과 협업이란 쉬운 과정이 아니었다. 그들이 사용하는 단어가 달랐고, 각자의 분야에 대한 이해도도 달랐으며 사물과 현상을 바라보는 관점도 달랐다. 그 쉽지 않은 과정 자체가,

서로 다른 분야의 사람들이 모여 협력과 협업하는 것 자체가 결과물이었다. 과정을 통해 서로를 이해하고, 새로운 시선과 생각을 주고받고, 그 과정들이 모여 하나의 프로젝트가 만들어졌다. 이 모든 과정이 결과물이 되기까지 얻은 또 다른 성과 중 하나는 사람이었다. 프로젝트를 만들어내며 시작부터 끝까지 전 과정에 함께 한 모든 이들이 과학·기술과 문화예술 그리고 교육의 융합을 이루어낸 참여자이고 기획자이며 실행자였다. 더불어 참여자 혹은 수혜자로 분류되는 주로 아동·청소년들의 참여 과정 속 다양한 반응과 행동들이 소중한 결과물이었다.

부산문화예술교육지원센터는 2011년 창의 체험교실 시범운영 사업을 시작으로 과학·기술과 문화예술교육이 융합하는 실험에 도전하였다. 지역의 예술가, 예술교육가(활동가)와 부산과학기술협의회의 첫 협업을 시작으로 부산시교육청, 부산시립미술관 등으로 확장해가며, 초·중등학교의 자유학기제를 활용해 'Science Opera', '뉴미디어아트 창의교실' 등의 프로그램을 2015년까지 운영하였다. 그리고 3년이 지난 2019년, 문화체육관광부의 창의예술교육 랩 지원 사업을 확보하면서 또 다른 도전을 시작하였다. 새로운 형태의 미래지향적 문화예술교육을 연구, 개발할 수 있는 인적·물적 자원을 발굴하고 기반을 단

단히 하는 과정이었다. 2019년은 국립부산과학관 협력형인 전문가 연구 실험랩(Lab), 문화예술교육 단체 오픈랩, 아이디어 발굴랩(해커톤 경진대회)으로 3개 유형의 프로그램을 운영하였다. 2020년은 국립부산과학관 협력형 실험랩의 심화형 외에 인공지능과 부산농악을 융합한 '아이(AI)농악'을 연구개발 하여 2021년까지 운영하였다.

단연도 공모사업이었으나 2011년부터 이어온 과학·기술과 문화예술교육 융합 프로그램이 지속되고 확장될 수 있도록 연결해 나가고자 하는 노력이었고, 함께하는 과정 중 하나였다. 이러한 융합과 협력의 과정에서 도출된 사업 참여 연구진들과 새로운 문화예술교육 프로그램에 대한 재단의 고민이 또 다른 확장의 연결과 새로운 도전 과제에 대한 가능성을 발굴한 것은 가장 큰 성과라면 성과일 수 있겠다.

우리는 우리가 과학·기술과 문화예술교육의 융합을 통하여 얻고자 하는 것은 무엇이며, 다음 단계는 어떠해야 하는가에 대해 고민하고 있다. 이 책의 시작은 이러한 실무적 고충으로부터 출발한 것인지도 모르겠다. 단순히 우리의 과거와 현재의 경험을 토대로 한계만 느끼기보다 다음은 누구와 무엇을 어떻게 해야 하는가에 대한 방향성을 얻기 위한 것이다. 이에 책에는 9편의 글을 담았다. 과학·기술과 문화예술교육 혹은 문화예술과의 융합에 대한 이론은 물론 현장 사례까지 다양하다. 각자의 분야에서 직접 부딪히며 얻은 융합에 대한 귀중한 이야기들을 생생히 풀어내준 저자들에게 지면을 빌어 진심으로 감사의 말씀을 드린다.

2021년 사업을 시작하는 시점에 참여단체 대표자들과 진행한 간담회에서 융합 프로그램을 연구·기획해나가는 과정에서 어려웠던 것은 과학·기술과 문화 예술의 다름을 매개해 주고 상호 간 소통시켜줄 수 있는 통역가·번역가와 같은 역할을 해줄 인력 혹은 장치가 필요했던 것이라 하였다. 이 책이 과학·기술과 문화예술교육의(그냥 문화예술, 예술이어도 좋을 것 같다.) 융합을 고민하고 도전하려는 분들에게 통역가·번역가와 같은 역할을 할 수 있는 책이 될 수 있기를 바란다.

새로움은 두려움을 동반하기도 한다. 그 두려움에 도전하는 여러분과 이 책의 글쓴이들 그리고 정답 없는 그 길을 뚜벅뚜벅 걸어가는 모든 이들을 응원한다.

부산문화예술교육지원센터

과학기술과 문화예술교육의 융합에 대한 총론

—

영산대 교수

김태희는 영국 에딘버러 대학에서 인공지능을 수학하였다.
인공지능에서 얻은 호기심을 따라 후에 RISD 예술대학을 다녔다.
공학과 예술을 잇는 지점에서 작품활동과 교육을 이어가고 있으며,
영산대학교 문화콘텐츠학부 교수이며 (주)지능디자인 대표이사를 겸하고 있다.

4차 산업혁명 혁명의 무게감과 문화예술교육의 융합

혁명, revolution은 근본적인 변화를 말한다. 산업혁명은 사람들이 필요로 하는 것을 만드는 도구에서 먼저 큰 변화를 불러온다. 농업이 정착하기 위하여 농기구가 발명되었고, 증기기관이라는 도구가 나와서 공산품이 적은 비용으로 대량생산 될 수 있었다. 전기가 있기 전과 후를 비교해 보자. 전기로 빛을 밝히는 전구가 우리 삶을 얼마나 바꾸어 놓았는지, 전기로 작동하는 통신기기가 우리의 소통과 생활에 어떤 영향을 주었는지, 전기로 움직이는 모터가 우리에게 어떤 의미인지 보자. 그리고, 그 영향으로 많은 새로운 기업이 탄생하였으며, 새로운 기업을 움직이기 위하여 새로운 인력 또한 필요했을 것이다. 지금 우리가 보는 새로운 것들이 산업혁명이라 일컬어질 수 있는 거대한 변화의 시작일 것이며, 이때 교육의 문제를 근본적으로 생각하게 된다.

산업의 혁명과 같은 변화의 시기에는 가치가 창출되고 유통되는 방식에서 근본적인 변화가 온다. 그리고 이에 따라 많은 직업이 없어지고 새로운 직업이 생겨나는 것은 변화한 사회에 맞게 새로운 방향에서의 지식과 전문성이 필요하기 때문이다. 즉, 교육에서도 변화가 필요하다는 것을 의미한다. 지금의 교육체계는 대부분의 나라가 초등학교, 중고등학교, 대학교 등의 단계로 서로 매우 유사한 형태를 가진다. 여기서 드는 의문 하나는 언제부터 이런 구조를 가지게 되었는가와 그 속에서 가르치는 내용은 누가, 왜, 처음에 그렇게 해야 하겠다고 생각했는가이다. 그리고 이러한 구조와 내용을 여전히 그대로 가져가는 것이 지금과 같은 혁명적인 변화 속에서도 괜찮은 것인지 물어보게 된다. 현재의 교육체계는 100년 전에 만들어진 것이므로 현재의 여건에 맞지 않다고도 한다. 교육의 구조적인 이슈와 교육의 내용에 관해서는 국가와 관련 전문가가 생각해야 할 일임에도, 사회 구성원으로서 우리 모두는 적어도 오늘 혁명의 원천인 컴퓨터와, 특히 인공지능과 관련한 본질적 이슈를 드러내어 교육의 문제를 의논하는 것이 필요하다. 컴퓨터로 인하여 세상이 바뀐다는 것은 산업에서 인력 수요의 방향이 그렇게 바뀌는 것을 의미한다 할 수 있다. 컴퓨터를 깊이 이해하면 어떤 교육이 필요할지 가늠할 수 있을 것이다.

컴퓨터는 사람의 지능적인 능력을 모방하려는 노력의 결과이다. 인공지능은 사람의 지능을 기계를 통하여 구현하고자 하는 것이며 컴퓨터의 역사와 그 맥을 같이 한다. 컴퓨터는 약 70년의 세월 동안 발전해 왔는데, 최근의 인공지능이 보여준 역량과 앞으로의 가능성에 비추어볼 때 이 70년 역사의 컴퓨터는 우리의 삶을 이제 크게 바꾸게 되는 산업혁명의 원천이 된 것이다. 컴퓨터를 이해한다는 것은 앞으로 다가올 변화에 대비하기 위하여 중요한 일이다. 특히 지금 자라나는 아이들이 이러한 변화에 적절히 대응하고 나아가서 그 변화를 이끌게 하고 싶다. 그러기 위하여 마땅히 받아야 할 교육적 배려에 대하여 기성세대는 그들을 위한 교육방법을 점검하고 개선해야 할 것이다. 이 글은 인공지능 기술을 중심으로 컴퓨터가 바꾸고 있는 우리 삶 속에서 일어나는 새로운 교육적 요구에 대한 것이다.

컴퓨터는 사람이 시키는 대로 일을 하는 매우 수동적인 기계일 뿐이다. 컴퓨터를 움직이는 알고리즘은 사람의 머리에서 나오는 것이다. 여기 우리가 맞이하고 있는 새로운 교육의 수요는 우리가 우리에게 던진 도전의 기회인 것이다. 이 도전은 우리와 우리의 세상을 더 깊이 이해할 것을 요구한다. 우리가 지금까지 발견하고 정리한 지식을 통합하여 더욱 깊은 통찰을 끌어내는 것이 필요한 것이다. 문화예술은 우리의 이야기이며 우리를 더욱 깊이 이해 하는 창구이다. 컴퓨터와 함께 새로운 세상을 만들어가는 과정에서 문화예술을 깊이 접목해야 하는 것은 4차 산업혁명의 큰 변화 속에서 우리가 선택할 수 있는 하나의 선명한 방법이 될 것이다. 문화예술은 컴퓨터 교육이 더욱 맥락 있게 아이들에게 흡수되는 효과적인 교육 매체이기도 하다. 멈추지 않고 달려가는 4차 산업혁명의 기차가 우리의 것이 되도록 2세들을 위한 교육은 문화예술을 깊이 접목하는 융합교육에 기반 해야하겠다.

인공지능의 유래와 의미

인공지능(Artificial Intelligence, AI)의 유래는 컴퓨터의 시작과 같다 할 수 있다. 컴퓨터가 바로 사람의 지능을 기계로 구현하려는 노력의 결과이기 때문이다. 지금의 컴퓨터가 고안되던 약 70년 전의 시대로 돌아가서, 컴퓨터가 아직 없는 세상에서 처음 컴퓨터를 만드는 사람들의 선택의 범위는 매우 크고 막연했을 것이다. 컴퓨터의 시작은 결과적으로 사람을 적당히 모방하는 선에서 선택되었다. 컴퓨터의 메모리는 사람의 단기 기억, 디스크는 장기기억을 닮았으며, CPU가 하는 일은 사람의 생각하는 기능을 모방했기 때문이다. 그때는 단순한 계산을 하는 일을 맡기는 데 그쳤으나, 사람들은 더욱 지능적인 컴퓨터를 원했고, 이는 인공지능이라는 이름의 학문이 자리 잡는 배경이 된다. 이때가 약 1960년대 정도 되는 것 같다.

그러면 사람들은 지능적인 컴퓨터를 만들기 위하여 처음에 어떤 접근을 생각했을까? 먼저 사람의 지능이란 무엇이며 어떻게 지능을 구현할지를 보려 했다. 그때 사람들은 우리의 머리속에서 수많은 생각을 가지고 생각과 생각을 연결하여 새로운 생각을 만들어낼 수 있는 능력에 주목하였으며, 그것이 사람의 지능의 핵심이라 여기게 되었다. 그리고 이는 하나의 학문체계가 만들어질 수 있는 정도의 많은 공감대가 형성되었나. 그런네 생각 중에서도 글로 쓸 수 있는 생각이 있고, 글로 쓸 수 없는 생각이 있는데, 글로 쓸 수 없는 생각은 어차피 컴퓨터도 다룰 수 없으니, 글로 쓸 수 있는 생각만을 대상으로 하게 되었다. 즉, 사람의 글로 쓸 수 있고, 논리적으로 맞다 할 수 있는 사람의 모든 지적 활동이 컴퓨터로 구현하고자 하는 '지능'의 목표가 되었던 것이다. 이러한 노력은 매우 성공적이었으며, 많은 발전도 있었고 지금의 컴퓨터가 이정도 똑똑하게 된 것에 많은 기여를 했다. 이것이 바로 '지식기반 (knowledge-bases)' 시스템이다. 그럼에도 불구하고 지식기반 시스템은 비교적 단편적인 범위, 정해진 일을 할 수 있는데 그치며, 이를 벗어나 일반화될 수 있는 인공지능 접근법으로서는 한계가 많다. 지식기반 시스템은 우리가 지능적이라 여기는 그 표면만을 구현하는 것이지 그 속을 속속들이 반영한 것은 아니다. 맥락, 정황, 발현, 현상, 체화, 이런 영역의 많은 문제들이 글로, 논리적으로 표현되기 어렵기 때문이다.

상대적으로 한 무리의 과학들은 사람이 고도의 지능적 능력을 가지고 있다는 것은 바로 사람의 두뇌를 구성하는 신경들을 가지고 있기 때문이며, 따라서 신경들이 하는 일을 컴퓨터가 하게 할 수 있다면 컴퓨터를 사람과 같은 지능을 가지게 할 수 있을 것이라는 제안을 하게 된다. 신경 하나의 기능은 매우 단순해서 컴퓨터로 구현하기에 아무런 문제가 되지 않아 몇 개의 신경을 연결한 것과 같은 컴퓨터 프로그램을 만들어 보게 되었다. 이는 상당히 성공적이어서 실제 사람의 신경과 같이 학습의 능력도 가질 수 있었다. 그래서 더욱 좋은 성능을 위해서 당연히 신경의 수를 늘려가며 실험을 하게 되었는데, 문제는 그 수를 늘려갈수록 계산의 용량이 기하급수적으로 늘어가는 반면 복잡도 역시 기하급수적으로 늘어가는 바람에 사람이 원하는 대로 방향을 잡기가 매우 어려웠다. 그래서 성과를 내기 어려워졌고 점점 이 방식은 사람들로부터 외면 받게 되었다. 그러나 몇몇 과학자는 끈질기게 문제를 파고 들어갔으며 나름의 해법을 제시하기에 이르렀다. 이러한 노력이 모여 사람의 신경을 모방하는 계산기, 즉 신경망(Neural Networks)은 이제 문제해결의 한 방법으로 자리를 잡기에 이르렀다. 이것이 신경을 많이 쌓은, 또는 깊이가 깊은 신경망을 의미하는 딥러닝(deep learning)이다.

여기 우리는 '지식기반 시스템'과 '신경망'이라는 두 가지의 완전히 상반된 인공지능 접근법을 가지고 있다. 지식기반 시스템은 우리가 가진 최상위층의 능력, 즉 '생각'의 능력을 보고 모방한 것이며, 신경망은 우리 능력의 출발선인 신경을 하나씩 만드는 것부터 시작하기 때문이다. 지식기반 시스템이 많은 데이터와 지식을 처리할 수 있으므로 인간의 논리적인 생각을 모방할 수 있어서 유용한 서비스를 만들기에 많은 도움이 되어온 것은 사실이나, 한계 또한 많아서 일반적인 지능을 향한 접근은 되기 어려웠다. 이 접근법이 일반적인 지능 시스템으로 적합하지 않을만한 하나의 큰 이유에는 기호(symbol)가 실체를 얼마나 반영할 수 있는지에 대한 확신을 얻기 어렵다는 철학적인 배경이 있다. 이것을 'Symbol Grounding Problem'이라 한다.

이것은 우리 눈에 보이는 이 세상이 진짜 이 세상의 모습과 같은가와 같은 철학적 문제와 연관되어 있다. 우리가 세상을 보는 것이 완전하기 어렵다는 것이다. 지식기반 시스템에서는 우리가 본 세상의 모습을 컴퓨터에게 전달하게 되는데, 우리도 세상을 기호로써 완벽히 표현하지 못할 뿐만 아니라, 그것을 컴퓨터에게 전달한다 하더라도 컴퓨터는 앞뒤 맥락이 충만하게 그 기호들의 의미를 살려내지 못하는 한계가 있다. 그럼에도 지식기반 시스템은 우리가 서로 명확하게 소통할 수 있는 논리적 범위 안에서는 상당히 유용하므로 한계를 인정하는 범위 안에서 그 접근법의 장점을 잘 활용해 왔던 것이며, 그렇게 우리의 컴퓨팅 환경 속으로 이미 많은 부분 스며들어와 있다.

상대적으로 신경망은 우리가 가신 엄청난 신경의 개수와 그들을 효과적으로 활용할 수 있는 능력에 비추어 보면 이제 겨우 초기 단계라 할 수 있다. 그럼에도, 시각인식이나 자연어 처리 등에서 많은 능력을 발휘하고 있다. 신경망에서는 과연 신경의 개수를 계속 늘였을 때 우리가 원하는 방향으

미국 MIT 박물관의 인공지능 로봇 Rodney Brooks 교수의 Cog와 함께 (2008.12)
1980년대에 MIT의 Rodney Brooks 교수 - 로봇의 지능은 프로그램으로 만들어서 로봇에게 심어만 주는 것이라기 보다, 프로그램과 몸체와의 관계, 몸체의 형태, 로봇과 세상의 관계에서 우러나오는 (emerge) 것이며, 관찰자의 눈으로 보는 현상학적인 것이라 하였다. 예술에서 장소특정미술 이야기를 하는 것과 비슷해 보인다.

로 능력이 향상될 수 있는지가 관건이 되는 데, 탁월하게 뛰어난 학자들의 창의적이며 끈질긴 노력으로 장벽을 하나씩 넘어온 상황이며 앞으로 더욱 큰 발전이 기대된다. 지능의 미시적인 접근방법이라 할 수 있는 신경망에서도 기호의 이슈가 존재한다. 딥러닝은 데이터를 학습하여 어떤 지적인 능력을 가지게 되는데, 이때 데이터를 사람이 제공하는 경우가 많다. 어떤 데이터를 선택할지와 데이터에 어떤 이름을 붙일지의 선택을 사람이 하게 되는데, 이때 인적 개입이 완전하지 못할 소지가 있는 것이다.

인공지능에서의 근본적인 문제들

인공지능에서는 '표현(Representation)'의 문제가 중요하다. 쓸모 있는 기계, 우리를 닮은 기계, 즉 지능적인 컴퓨터를 만들기 위해서는 우리는 기계와 소통할 수 있어야 한다. '소통'은 어떤 형태로든 '표현'을 필요로 하며 표현은 '의미'를 가진다. 그래서 '표현'의 문제를 떠나서는 인공지능을 이야기할 수 없다. 이를테면 컴퓨터에게 '의자'를 무엇이라고 알려주어야 할까? 의자는 사람이 앉는 '목적'의 물건, 의자는 보통 다리가 네 개, 의자는 등판이 있는 경우와 등판이 없는 경우가 있다는 등으로 표현하여 알려주어야 하지 않을까? 세상에는 참 많은 다양한 의자가 있다. 컴퓨터와 우리가 소통하기 위하여 컴퓨터는 의자를 어떻게 알고 있어야 할까? '표현'의 문제는 우리가 세상을 어떻게 바라보며 어떻게 알고 있는지 나타낸다. 그것은 다른 사람들과 소통하는 일에 있어서 중요한 문제이며, 인공지능에서도 사람과 컴퓨터가 효과적으로 소통하기 위해 꼭 다루어야 할 이슈이다.

인공지능에서 또한 근본적으로 다루어지는 문제는 '몸과 마음의 관계'이다. 지능이 몸에 있을까, 마음에 있을까? 아마 많은 이는 지능은 마음의 세계에서 나오는 것이라 답할 것이다. 그런데 마음은 몸에 들어있으니 몸과 마음은 매우 깊은 관련이 있을 것 같다. 적어도 몸이 없으면 마음도 없으니 말이다. 그런데, 마음이 내 몸 안에 있다 한다면, 그 마음은 과연 내 몸 안에서 어디에 있는 것일까? 마음은 내 머리에 있는 것일까 아니면 머리를 포함해서 온몸에 퍼져있는 것일까? 이런 생각을 하다 보면, 그 깊이를 가늠하기 어려울 만큼 많은 생각 속으로 들어가며 과연 마음이라는 것이 원래부터 있었을까, 내가 정말 누구인가와 같은 생각에 잠기곤 한다. 분명한 것은 '몸'이라거나 '마음'이라거나 하는 단어들은 내가 오랫동안 많이 사용한 단어들인데 정작 그들을 파고 들어가면 그들을 제대로 알고 있는지에 대한 의심이 가지 않을 수 없다. 몸과 마음의 관계에서 우리는 아마 아직 모르는 것이 많을 것 같으며, 그것은 바로 우리가 아는 범위에서 다루고 있는, 우리의 몸과 마음을 모방하고 있는, 지금의 인공지능은 그만큼 한계도 많을 것임을 시사한다. 아직 할 일이 많이 남아 있으며, 그러한 일을 새롭게 발견해가고 도구화 해 나가는 일은 근본적인 우리 자신들에 대한, 그리고 세상에 대한 많은 성찰을 요구할 것이라고 짐작하게 된다.

몸과 마음의 문제에서 재미있는 점 하나는 보통의 인공지능은 몸이 없다는 것이다. 사람에게는 누구에게나 몸이 있으며 지능은 몸과 깊이 관계된다. 몸은 사람이 구사하는 의미가 세상에 뿌리를 내리게 해 준다. 그런데 인공지능은 컴퓨터 속에서 실행되는 소프트한 프로그램이며 인공지능에게 몸이라 한다면 컴퓨터 하드웨어인데, 이러한 하드웨어는 어느 하드웨어에서 실행되어도 그다지 차이가 없어 몸으로서의 의미를 별로 찾을 수 없는, 단순히 프로그램을 실행시켜주는 장치에 불과하다. 따라서 우리의 인공지능은 몸 없이 정신만 실행되는, 어쩌면 기이한 지능이라 할 수 있다. 과연 이러한 몸이 없는 인공지능이 우리의 지능을 잘 따라 할 수 있을까?

한편 여기서 지능로봇이 흥미로운 점은 바로 그들은 몸을 가지고 있다는 점이다. 실제 로봇의 몸은 '계산'에 기여하는데, 몸이 어떻게 생겼는지, 어

자율 레고 로봇: 영국 에딘버러 대학 인공지능학과 석사과정 과제 (김태희, Nick Free와 함께, 1992)
레고를 이용하여 로봇의 형태를 다양하고 신속하게 바꿔가며 실험할 수 있도록 한 지능로봇 실습키트. 로봇에 있어서는 몸의 형태가 지능에 관여한다. 효과적인 몸의 구조는 지능에 보탬이 된다. 로봇에게 있어서 지능은 프로그램만으로 구현되는 것은 아닌 것이다. 몸의 형태가 목적공간과 잘 부합하도록, 그리고 물리적인 공간과 상황에 잘 부합하도록 디자인하는 통찰력 있는 배려가 필요하다.

떤 재료를 사용하는지에 따라 로봇의 역량이 달라질 수 있으며, 컴퓨터 프로그램 작성과 실행에도 영향을 줄 수 있다. 재료와 구조의 선택을 통하여 로봇의 몸을 잘 이용하면 컴퓨터 프로그램의 분량을 줄일 수 있는 것이다. 그렇다면 그만큼 몸이 컴퓨터 프로그램의 역할을 하게 된 것이므로, 몸은 '계산'의 역할을 일부 한 것이다. 즉 '바디'는 '계산'과 호환될 수 있다. 다시 말해, 하드웨어와 소프트웨어는 어느 정도 호환이 가능한 것이다. 지능로봇은 소프트웨어와 하드웨어가 흥미롭게 겹치는 지점이며, 만드는 사람의 창의성 덕을 많이 볼 수 있다.

사물인터넷과 피지컬 컴퓨팅

사물인터넷(Internet of Things)은 아날로그의 세계와 디지털의 세계를 연결하는 참 재미있는 분야이다. 의자나 책상, 지팡이, 신발, 장갑, 등 우리가 아는 사물에게 계산의 능력과 통신의 능력을 제공했을 때 사물들은 변화하게 된다. 예를 들어, 어르신들이 짚고 다니는 지팡이에 모션센서와 통신 장치를 넣고 이를 스마트폰과 연결했을 때, 지팡이는 스마트 지팡이가 되고 통신을 통해 세상과 연결된다. 지팡이의 움직이는 패턴은 그것을 든 사람이 걸음을 걷는 것인지, 서있는지, 넘어져 있는지를 구분하게 하여 스마트폰이 상황에 따라 적절히 대응하게 할 수 있다. 위급한 상황에서는 보호자에게 연락을 자동으로 취할 수도 있다. 스마트폰의 게임과 연동하면 지팡이로 스마트폰의 게임을 제어하는 게임 컨트롤러로 변신할 수도 있다. 이렇게 과거 그냥 지팡이는 스마트 지팡이가 되어 그 정체성을 크게 확장하고 있다.

이렇게 사물인터넷은 기존 것을 확장할 창의성을 요구하는데, 이러한 창의성을 발휘하는 과정은 기존 사물의 의미와 용도에 관한 통찰적 접근을 요구하기도 한다. 이를테면 과연 지팡이란 무엇인가, 과연 어떠한 상황에서

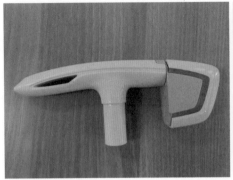 

㈜리커시브소프트와 공동으로 개발한 스마트 지팡이 손잡이 원형 (2015)

지팡이가 기울어진다는 것은 무엇을 의미하는가 등과 같은 것이다. 아날로 그 세계와 디지털 세계를 연결한다는 것은 바로 여기서 시작한다. 지팡이 가 '사용'되었을 때 그 상태와 변화를 감지하여 컴퓨터에게 데이터를 제공 할 수 있다는 것은 아날로그 사물인 지팡이의 일부를 컴퓨팅 공간으로 이 동시킨 것과 같다. 이때 지팡이는 결과적으로 컴퓨팅에 직접 참여하게 되 었으므로, 디지털과 아날로그를 구분하는 선을 명확하게 그릴 수 없게 된 다. 다시 말해서, 지팡이는 컴퓨터와 세상이 만나기 위하여 하나의 접점을 이루는 도구로 활용된 것이며, 컴퓨터는 지팡이를 그 자신의 계산능력의 일부로 활용한 것이다.

피지컬 컴퓨팅(Physical Computing)은 바로 사물인터넷의 원형이다. 피지 컬 컴퓨팅의 사전적 의미는 '아날로그 세계와 디지털 세계를 잇는 것'이다. 예를 들어, 화분의 흙이 마르면 물을 자동으로 주는 장치를 만들려면 컴퓨 터는 흙이 말랐는지 아닌지를 알 수 있어야 한다. 수분의 정도를 알 수 있 는 센서를 사용하여 컴퓨터는 흙이 마른 정도를 숫자로 받을 수 있으면 그 목적을 달성할 수 있다. 아날로그 세계와 디지털 세계는 이렇게 만나게 된 다. 그 만남의 접점에서 서로를 잇기 위해서는 센싱이 필요하며 컴퓨터는 센서를 통하여 세상을 보게 되는 것이다. 그래서 어떤 센서를 쓸 것인지와 컴퓨터가 무엇을 보게 할지의 선택은 매우 중요하다. 이러한 선택은 그 일의 목적과 해당 사물의 속성, 그리고 센서의 선택, 데이터 종류의 선택 등 모든 선택 요소를 대상으로 최적의 연결을 찾아 나가는 일이다. 이것은 마치 예술가가 예술작품을 만들어갈 때의 과정과 유사해 보인다. 새로운 도구와 솔루션에서 만들어 나가는 일에 창의성과 통찰력이 필요한 것이다. 그 선택을 잘 하면 컴퓨터의 일을 줄여줄 수도 있는데, 그것을 잘못하게 되면 컴퓨터가 그만큼 일을 많이 해야 한다.

여기서 우리는 컴퓨팅(computing)의 본질에 대하여 생각하게 된다. 컴퓨팅은 컴퓨터 혼자만 하는 것이 아니라 적절하게 맺어주는 관계 속에서 내포되게도 할 수 있는 것이며, 정적인 사물이 상황에 따라 뭔가 하는 것처럼 보이기도 하며, 어떤 맥락 속에서 우러나오기도 한다. 컴퓨터는 디지털 세계 속에 앉아 우리가 제공하는 창을 통하여 우리의 아날로그 세계를 바라보고 있는 기계이며 우리가 세상을 어떻게 바라보고 그리는지에 따라 그 역량이 정해진다 하겠다. 인공지능에서 통찰적 사고가 더욱 필요한 이유는 인공지능이 하는 일이 사람이 하는 일과 가깝기 때문이다. 이렇게 세상과 컴퓨터의 관계를 두고 통찰하는 것이 점점 중요해지는 지금 교육을 바라보는 우리의 시선도 같은 방향을 향하도록 해야 하겠다. 이러한 시선 속에 예술은 매우 중요하게 자리한다.

예술과 사고

예술은 무척 폭이 넓고 방식도 다양하여 한마디로 잘라 이야기하기 어려운 측면이 있다. 그러나 4차 산업혁명을 앞두고 바람직한 교육의 방향을 이야기하는 측면이라면 예술가들을 양성하는 대학의 예술 교육을 들여다보는 것으로 예술 이야기를 시작할 수 있겠다. 요즘의 예술 대학 교육은 '자신의 예술이 어떻게 예술이 되는가?'에 대한 답을 찾는 과정이다. 자신이 만들어가는 새로운 아름다움에 대한 이야기이다. 따라서 학생들은 자신의 생각을 확장하고 정제하며, 목표를 찾고 소재와 재료를 탐색하며 자신의 예술을 다듬어 나가는 것이다. 이는 끊임없는 새로운 시도와 실험을 의미한다. 이러한 실험과정은 선생님, 동료들과 가지는 밀도 있는 비평(critic)과 어우러져 한 사람이 예술가로 성장하게 되는 것이다.

비평에서는 작품이 청중에게 어떻게 보이는지를 포함하여 다양한 의견과 질문이 던져진다. 학생들은 자신의 작품을 두고 이루어지는 비평을 통하여 지식을 제공받고 생각의 힘을 단련해 나간다. 이러한 비평의 과정은 예술 커뮤니티에서 현재까지의 지평에 대한 공감대를 다짐과 동시에 새로운 것에 대한 확인을 이루어 간다. 무엇보다 예술 커뮤니티의 도움을 받아 각자의 생각의 힘을 최대한 끌어올리는 방향으로 학습이 이루어지는 것이다. 그 과정에서 몰입은 모든 생각의 재료들이 생각의 힘을 길러가는 방향으로 제대로 먹혀 들어가기 위하여 꼭 필요한 파워이다. 예술대학에서 창의성은 이렇게 길러진다.

미국 예술대학의 졸업작품전 비평 장면 (RISD, 2010)

개념도 예술이 될 수 있다는 현대 미술은 마르셀 뒤샹을 기점으로 한다면 대략 100년 정도 되었는데, 예술을 그렇게 바라보는 새로운 시각은 어느 날 갑자기 나왔다거나, 그것이 지난 100년 동안 예술계에서만 있는 일이라고 보기는 어렵다. 현대 미술에서의 생각은 컴퓨터의 발명에도 영향을 미쳤을 것이며, 인공지능을 구현할 방법을 찾는 과정에도 영향을 미쳤을 것이라고 보는 것이 맞을 것 같다. 초기 인공지능의 지식기반 접근법에서 지식을 기호(symbol)의 형태로 대신하는 것이 얼마나 타당한 방법인지에 대하여 많은 논의가 필요했다. 이것은 기호학, 언어학, 철학과 같은 복합적인 인문학적 토론을 의미하는 것이다. 예술과 연관이 없지 않다.

지금과 같은 4차 산업혁명의 시대에서 예술의 역할은 중요하다. 4차 산업혁명을 견인하는 인공지능은 의미를 다루는 기술이다. 사물을 인식하고, 말을 알아듣고, 주변 공간을 파악하여 그에 따라 자신의 행동을 결정해 나가는 일은 '의미'를 다루지 않고는 어려운 일이다. 인공지능이라는 도구를 더욱 고도화해 가고, 인공지능이나 사물인터넷의 새로운 서비스를 개발하는 일은 예술을 만들어가는 과정과 닮았으며, 이 자체가 예술로 승화한다 하더라도 이상하지 않다.

또한 '가상"은 예술과 기술의 접점에서 매우 중요한 키워드이다. 예술에서 깊이 다루어져 온 '현상'이라는 키워드와 '가상'이라는 말은 서로 가깝다. 눈에 보이는 것과 눈에 보이지 않는 것에 대한 이야기, 생각과 실체의 관계 등과 같은 이야기는 예술 이론에서도 중요하게 거론되기도 하며 어렵기도 하지만, 이것은 우리 인간이 가진, '생각한다'라는 축복받은 능력이 있기에 행복한 고민이기도 하다.

전기, 전자, 컴퓨터 기술의 발달로 도구가 다양하게 되면서 미디어아트가 생겨나기도 했다. 과거에는 내 눈앞에 벌어진 일을 담아간다거나 어디론가 보내는 것이 불가능했는데 그것이 가능해졌을 뿐만 아니라 이제는 컴퓨터를 써서 저장하고 조작하는 것까지 가능해지는 일이 일어난 것이다. 형체가 없는데 뭔가를 하는 것 같은 '미디어'와 같은 애매한 것들이 사람 주변에 가까이 온 것이다. 그 연장선에는 컴퓨터가 만들어내는 가상의 세계가 있다. 현재는 SNS와 메타버스가 주목을 끌고 있는데 인터넷을 가상공간이라 할 만큼 컴퓨터가 만들어낼 수 있는 가상성은 끝도 없다. 이렇게 '가상'이 크게 부각되는 것은 사람이 원래 '가상'과 친하기 때문이 아닐까 한다. 컴퓨터는 개발의 관점에서 보면 어떤 기능을 가상화한다거나 하는 등 원래 가상이라는 개념을 풍부하게 가지고 있다. 분명히 '가상'을 잘 다루는 교육이 필요하며, 그에 대한 노력이 필요해 보인다.

요즘 필요한 능력

인공지능을 중심으로 하는 기술적 환경과 스타트업 생태계를 들여다 보면 지식을 획득하고 활용하며 소비하는 방식을 파악하기 위한 몇 가지의 힌트를 얻을 수 있다. 먼저, 인공지능을 개발하고 응용 서비스를 제작하는 커뮤니티는 오픈소스를 중심으로 움직이고 있다. Github라는 사이트는 개발자들이 자신이 개발한 소프트웨어를 올려두고 관리하는 곳인데, 누구나 소스코드를 내려받아 사용할 수 있도록 오픈되어 있다. 지적소유권의 범위는 배포하는 사람이 정하는데 대부분 사용과 수정 및 재배포가 자유롭다. 전문가가 개발한 소프트웨어 소스코드를 얻는다는 것은 그 전문가의 오랜 노력의 결실을 단 몇 번의 클릭으로 얻어올 수 있다는 의미다. 이렇게 개발 커뮤니티는 범세계적으로 개발시간을 단축하며 어디론가 향해가고 있다. 여기에 편승하지 못하면 개발의 일로써 경쟁력을 가지기는 어려울 것 같다. 내가 원하는 것을 명확하게 알고 내가 하려는 것과 가장 가까운 것을 빠른 시간에 찾아내고, 그것을 빠르게 소화하는 능력이 필요하다.

인공지능을 잘 하려면 우선 인공지능은 컴퓨터 프로그램으로 만들어지므로 코딩을 잘 해야 한다. 코딩은 사람이 컴퓨터가 아는 언어로 컴퓨터에게 문제를 푸는 방법을 명확하게 설명해 주는 과정이다. 그래서 컴퓨터 언어는 다만 수단일 뿐이며, 코드 속에 어떤 내용을 담아서 컴퓨터에게 전달하는지가 중요하다. 요즘의 딥러닝을 중심으로 하는 인공지능은 수학이 많이 필요하다. 실제 개발의 과정에서 다루어지는 수학적 내용은 공식에 의존하기 보다, 수학적 상상력에 더 가깝다. 관련되는 수학의 원리를 꿰고 있어야 한다. 소싯적 배웠던 공식으로 문제를 풀던 수학은 여기서는 더 이상 수학이 아니다. 어떤 수학공식이, 또는 개념이 왜 나왔는지, 그것으로 어떤 문제가 왜 풀어지는지, 그리고 그것이 우리에게 어떤 의미가 있는 것인지와 같은 디테일은 수학과 우리 세상의 문제들의 관계를 이해하기에 매우 중요한 내러티브이다. 비단 수학에서 뿐만 아니라, 우리가 지금 시대에 4차 산업혁명을 이야기하고 인공지능을 이야기하는 이 상황에서, 이제 수학은 공식을 외우고, 영어는 문법을 외우고 등과 같은 교육은 너무 한계가 많으며 엉뚱한 곳을 향해 가고 있는 것이다. 4차 산업혁명을 대비하는 교육은 교육과정의 문제라기 보다 교육 내용에서 내러티브를 우리 삶과 촘촘히 연결시키는 섬세성과 그것의 진정성에 해당하는 실제성에 있다 하겠다.

요즘 우리나라에도 스타트업 붐이 불고 있다. 대기업과 중견기업 중심의 산업 구조에서 새로운 제품과 서비스로 승부를 거는 스타트업이 많아진다는 것은 바람직하다. 이러한 스타트업 생태계는 창의성을 중요한 덕목으로 꼽는다. 역동적인 산업 환경에서 생존과 번영을 위한 좁은 경로를 찾아가는 일이 일상이라 할 수 있는 곳에서 특히 인공지능과 같은 기술의 의미를 시장의 요구와 연결 지어 나가는 일은 기술과 사람의 관계를 잘 연결지어 갈 것을 요구한다.

최근 플랫폼 비즈니스라는 단어를 자주 듣게 된다. 페이스북, 구글, 애플,

알리바바, 우버, 에어비앤비, 배달의민족 등이 모두 성공적인 플랫폼 비즈니스 모델을 만든 사례이다. 플랫폼 비즈니스는 제품이나 서비스를 직접 제공하기 보다는 생산자와 소비자를 연결하는 비즈니스이다. 앱스토어는 앱을 만드는 사람과 사는 사람을 연결하는 서비스이며, 에이비엔비는 숙박을 연결하는 것이다. 이들 플랫폼 비즈니스의 특징은 과거에 없었던 생산과 소비의 경로를 새롭게 만들어내는 것이다. 플랫폼 비즈니스의 특징 중 하나는 이들은 데이터를 이용하여 증강될 수 있다는 것이다. 우선 모든 공급자와 수요자의 행위는 데이터로 남게 되며, 이는 향후 그들의 비즈니스를 더욱 개선해 갈 수 있는 중요한 데이터 소스가 되는 것이다. 그래서 쿠팡은 인터넷 소매점이라기 보다 데이터기업이라 부를 수 있을 정도가 된다. 이렇게 모이는 대량의 데이터, 즉 빅데이터는 기업이 가야 할 방향을 위한 나침반 역할을 하게 되며, 데이터를 가진 기업과 그렇지 못한 기업은 경쟁에서 격차가 벌어질 수밖에 없는 사정이다. 이러한 빅데이터의 처리는 종종 인공지능의 도움을 받아 더욱 고급 정보가 드러나며, 데이터를 보는 안목을 가진 고급 능력이 기업의 성패를 가르고 있다.

지식과 정보가 빠른 속도로 공개되고 재생산되며 확산하는 환경, 스타트업과 같이 창의적이며 집중력 있는 비즈니스 창출이 활발한 상황, 그리고 데이터를 보는 안목 또한 중요한 요즘, 교육에서 꼭 생각해 봐야 하는 점은, 우선 살아있는 창의성이 아닐까 한다. 즉, 현실에 기반한 나와 나의 주변을 면밀히 관찰하여 목표를 찾아내고 그 목표를 달성할 수 있는 효과적인 수단의 경로를 찾아가는 능력이 필요하다 하겠다. 그런데, 이렇게 놓고 보면, 이러한 능력은 사실 기존 교육에서 잘 하고 있는 것이어야 하고, 실제 그렇게 하는 곳도 많이 있다. 다만, 살아있는 지식, 정말 현실에서 필요로 하는 '맥락이 충만한 지식과 이를 활용하는 능력'을 기르기 위해서는 각별한 노력이 필요하다. 같은 교육 과정 속에서도 어디에 중점을 두는가와 어떤 디테일을 가져가는지가 교육의 품질을 가르는 중요한 요인이 되는 것이다.

교육의 디테일

예술과 기술을 접목하는 방식이 한 가지만 있는 것은 아니다. 예술과 기술의 접목이 창의성을 기르기 위한 것이라면 그들의 접목 또한 다양한 창의적인 방법으로 이루어져야 할 것이다. 이때, 여기서 언급하고자 하고자 하는 것은 디테일의 중요성이다. 여기서 그림 1의 라인 트레이싱 로봇의 예를 보자.

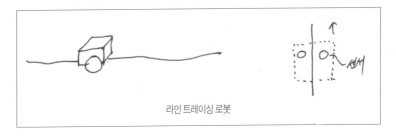

라인 트레이싱 로봇

그림의 왼편과 같이 라인을 따라가는 로봇의 바닥에는 오른편과 같이 바닥에 라인을 읽는 센서가 있어서 그려진 선을 따라갈 수 있는 로봇이다. 원리는 다음과 같다. 선을 감지할 수 있는 두 개의 센서가 진행 방향에서 라인 좌우에 위치하여 바닥을 바라보고 있다. 라인은 짙은 색, 배경은 밝은 색으로 명암에서 많은 차이가 있으므로, 빛의 세기를 감지하는 센서를 이용하면 선을 찾을 수 있다. 만약 로봇이 앞으로 가는 동안 라인이 로봇의 중심에서 멀어져서 왼쪽 센서에 닿는 경우, 로봇은 왼쪽으로 방향을 틀면 왼쪽 센서는 라인에서 멀어지게 된다. 그러다 오른쪽 센서에 라인이 닿게 되면 다시 오른편으로 방향을 틀면 오른쪽 센서는 라인에서 역시 멀어진다. 결과적으로 로봇은 라인을 따라가게 되는 것이다.

이렇게 '라인 따라가기'라는 미션은 두 가지 행동으로 분할되어 코딩되었다 - (1) 왼쪽 센서의 빛이 약하면 왼편으로 틀기, (2) 오른편 센서의 빛이 약하면 오른편으로 틀기가 그것이다. 로봇은 라인을 따라가라고 코딩된 것이라기 보다, 위 두 개의 작은 행동을 하도록 코딩되었는데 그것이 결과적으로 로봇이 라인을 따라가게 만든 것이 된다. 로봇 입장에서 보면 라인을 따라가려 하기보다, 센서 두 개를 가지고 어쩌다 보니 결과적으로 라인을 따라가게 되는 결과를 낳은 것뿐이다. 거꾸로 보면 코딩을 한다는 것은 목표를 정하고, 그 목표를 컴퓨터가 처리할 수 있는 가능한 작은 목표와 행동, 스텝들로 쪼개고, 이들이 유기적으로 동작하면서 목표를 달성하도록 하는 일이다. 코딩은 하나의 사고체계라 할 수 있는 것이다. 우리는 라인 트레이싱과 같은 단순한 사례에서도 많은 토론을 할 수 있다. 로봇과 라인의 관계, 센서와 목적의 관계, 로봇 바디의 디자인과 라인 트레이싱의 효율성, 라인의 두께와 라인 인식효율의 관계, 라인 트레이싱은 언제 실패하는가, 그리고 왜 실패하는가 등이 될 수 있겠다.

예술과 테크의 접목의 방향

원래는 공학도였던 저자는 2008년도에 미국의 한 예술대학의 석사과정에 입학하였는데, 예술에 무지한 상태에서 너무나 막연하여 첫날 모임에서 학과장님께 예술은 무엇이며 어떻게 공부해야 하는지를 물었다. 지금 기억에 학과장님은 다음과 같이 답하셨다 : "Art is to think as specific as possible." 이는 아마 "예술은 최대한 세세하게 짚어내는 것"정도로 번역될 수 있겠다. 이것은 참으로 좋은 답이라 생각하는데, 적어도 '무엇을 하는 것'이 아닌 '어떻게 하는 것'이라는 점에서 좋고, 이렇게 세세하게 파고 들어가다 보면 끝없이 깊어질 수 있다는 점에서 예술학도에게는 좋은 답이 되었던 것 같다. 또한, 이것은 한 학생이 예술의 문턱에서 예술을 대하는 생각만이 아니라 예술과 기술을 접목하려는 우리의 시도에 있어서도 중요한 방향성을 제시한다. 공학과 예술을 접목하는 것은 비단 공학적 도구를 예술에 활용한다거나, 예술적 내러티브를 기술에 입히는 단계뿐만 아니라, 사고의 통합을 이루고 철학적 공통분모를 탐구하는 몰입된 사고의 과정을

딥러닝 기반의 지능형 로봇과 함께하는 공연: 무용수의 동작을 인식하는 춤추는 로봇 (디지털 미러: 마르의 의자, 강희정, 김태희 외, 2021. 11)

포함하는 것이어야 하는 것이다. 사물과 개념을 넘나들며, 가상과 현실을 넘나들며 사고하는 능력, 내러티브 창조 능력, 표현능력, 이미지를 구체화하는 능력, 따라서 기술을 의미로 소화하고 목적에 맞게 기술을 활용할 수 있는 능력을 길러가는 것을 목표로 해야 하겠다. 우리 제도권 내의 교육에서 이와 가장 가까이 가 있는 분야가 예술일 것이다.

4차 산업혁명은 다른 누군가로부터 나오는 것이 아니라 바로 우리 사람들로부터 나온다. 4차 산업혁명을 대비하는 것은 우리가 지금까지 쌓아온 우리에 대한 이야기를 더욱 깊이 들여다보는 것으로 시작해야 하지 않을까 한다. 4차 산업혁명을 대비하는 교육은 '똑똑한' 아이가 되도록 교육하는 것이라야 하겠다. 지식이 살아 숨 쉬게 할 수 있는 '똑똑한' 교육이 필요한 시대이다.

과학기술과
문화예술의
융합교육

최준영

—

국립부산과학관 교육연구실장

연세대학교에서 천문우주학을 전공하고, 충북대학교에서 천체물리학 박사학위를 받았다.
미시중력렌즈를 이용한 국제적인 외계행성탐색 연구에 참여하였고, 현재는 국립부산과학관에서 과학교육을 총괄하고 있다.
과학기술과 문화예술의 융합교육을 지속적으로 추진하고 실제 현장에 적용하여 보다 나은 융합교육의 방향을 찾아가고 있다.

별이 바람에 스치움을 생각하자

죽는 날까지 하늘을 우러러

한 점 부끄럼이 없기를,

잎새에 이는 바람에도

나는 괴로워했다.

별을 노래하는 마음으로

모든 죽어가는것을 사랑해야지

그리고 나한테 주어진 길을

걸어가야겠다.

오늘밤에도 별이 바람에 스치운다.

– 윤동주, 서시(序詩)

우리나라 사람이라면 누구나 아는 윤동주의 「서시[序詩]」는 1948년 친구 정병욱과 동생 윤일주가 유고시집으로 간행한 시집인 『하늘과 바람과 별과 시』에 수록되어있다. 이 시집에는 윤동주 시인이 연희전문학교(현재의 연세대학교 전신) 문과를 졸업할 무렵 졸업기념으로 출판하려던 자선 시집을 포함하여 92편이 수록되어 있다. 윤동주 시인은 1938년 서울의 연희전문학교 문과에 입학하여 1941년 졸업하였다. 연희전문학교는 미국의 선교사인 언더우드가 설립한 학교로 미국의 종합대학 형태로 문과, 신과, 상과, 수물과, 응용화학과, 농과의 6개 학과가 있었다. 연희전문학교 수물과의 1회 졸업생인 이원철은 1926년 미국의 미시간대학교에서 "독수리자리 에타별의 천체에서의 운동(Motion in the Atmosphere of Eta Aquilae)"이라는 학위논문으로 우리나라 최초의 이학박사이자 천문학 박사학위를 받았다. 이후 모교인 연희전문학교의 수물과 교수로 돌아와 초대 중앙관상대장, 인하공대 초대 학장 등 국내의 과학기술 발전에 많은 기여를 하였다. 연희전문학교 문과에 입학한 윤동주 시인과 수물과 교수를 지낸 이원철 박사가 대학에서 천문학 강의를 한 기간이 완전히 겹치지는 않지만, 연희 전문학교에서는 문과생들도 교양으로 천문학 강의를 들었다고 한다.(현재 도 인문, 예체능 계열 학생들이 교양으로 천문학 과목을 수강한다.) 천문학 수업 중 가장 기초적인 천체관측법은 하늘의 천체를 관측하는 방법에 대 해 배운다. 밤하늘의 반짝이는 별들을 관측하고 이를 이해하기 위해서는 별의 위치, 운동, 밝기 등 여러 가지 별의 물리량 측정이 필요하다. 지구 밖 저 멀리 위치한 별에서 나온 빛은 우리 눈에 들어오기까지 깜깜한 우주 공 간을 지나 지구의 대기를 거쳐야만 한다. 흔히 밤하늘의 별을 얘기할 때 반 짝인다는 표현을 쓴다. 이는 별 자체가 반짝이는 것이 아니라 별빛이 지구 를 통과하며 지구의 대기가 이 별빛을 흔들기 때문에 반짝이는 것처럼 보 이게 되는 것이다. 머리 위의 별빛보다 대기가 더 두터운 지평선 근처의 별 빛이 더 반짝이게 보이고, 바람이 많이 불어 대기의 요동이 큰 날 별빛이 더 반짝이게 보이는 것도 이런 효과 때문이다.

윤동주 시인의 「서시」중 마지막 구절인 '오늘밤에도 별이 바람에 스치운 다.'라는 표현을 보자. 정말 아름다운 시구이지만 과연 이 시구가 그냥 쓰 여졌을까? 앞서 설명한대로 윤동주 시인은 대학시절 천문학 수업에서 대 기에 의한 별빛의 흔들리는 원리를 이해했을지 모른다. 매일 밤 어두운 밤 하늘의 빛나는 별들을 보며 암담한 시대적 상황과 자신의 신념을 시인으 로서 이렇게 표현한 것은 아닐까. 과학적으로도 이 표현은 틀린 표현이 아 니다. 문학 수업을 들었다고, 천문학 수업을 들었다고 누구나 윤동주 시인 이 될 수는 없겠지만, 둘 중 하나라도 교육을 받지 못했다면 이런 명시는 탄생하지 못했을 수도 있다. 근대에서 현대로 넘어오며 세상은 점점 복잡 해지고 학문은 더욱 전문화되어 간다. 그러다보니 과거처럼 학문 간의 넘 나듦이 어렵고 폭넓은 교육보다 전문성 있는 교육이 중요해졌다. 이제는 다시 융합교육이 떠오르고 있다. 하지만 과거의 융합교육이 아닌, 현대에 맞는 융합교육이 필요한 시기이다. 과학기술과 문화예술의 융합교육을 재정립해야하는 이유이기도 하다.

융합과 연결의 시대, 다가올 미래

최근 미래를 얘기할 때 가장 많이 나오는 키워드가 '4차 산업혁명'이다. 4차 산업혁명은 K. Schwab이 의장으로 있는 세계경제포럼(World Economic Forum, WEF)에서 2016년 주창한 용어이다. 4차 산업혁명으로 가속되는 미래는 기술 발전으로 모든 것들이 연결되고 경계가 사라지는 대융합, 초연결, 초지능의 시대이다. 미래에 대한 예측은 언제나 불확실성을 동반하지만, 현재까지의 사회변화를 보면 이 예측은 크게 벗어나지는 않을 것 같다.

융합(convergence)은 여러 가지가 섞여 하나가 되어짐을 뜻한다. 고대는 현대와 다르게 분야들의 경계가 모호했다. 그저 조금 더 뛰어난 사람이 철학, 과학, 수학, 예술 등 모든 분야를 경계없이 아우를 수 있었다. 왜냐하면 그 시대는 학문의 발전이 낮아 각 분야의 경계가 없었기 때문이다. 우리가 잘 아는 아리스토텔레스, 레오나르도 다빈치 같은 모든 영역에서 뛰어난 사람을 융합형 인간이라고 하지만 과거의 융합형 인간은 현재의 융합형 인간과는 그 궤가 다소 다르다. 만약 레오나르도 다빈치가 현 시대에 태어났다면 건축가이자, 과학자이자, 미술가가 될 수 있었을까? 아마 치열한 입시를 거쳐 자신이 가장 하고 싶은 한 분야를 선택해서 그 분야의 전문가가 되는 것이 최선이었을 것이다.

사람은 태어나고 자라면서 내가 가진 능력이 무엇인지, 나는 무엇을 잘 하는지, 내가 하고 싶은 것은 무엇인지에 대한 고민을 끊임없이 한다. 사람에게는 다양하고 복합적인 능력이 있다. 게임에서처럼 캐릭터의 힘, 지능, 체력 등으로 능력 요소를 나누고 수치화하면 좋겠지만 그렇게 단순한 인간은 없다. 학창 시절 적성검사를 한 적이 있다. 그 당시 학생들은 문과, 이과 중 하나를 선택해야만 했는데, 공부를 제법 잘하던 친구가 적성검사 결과를 보고 심각하게 고민을 했다. 보통 언어능력이 높은 친구들은 문과를 선택하고, 수리능력이 높은 친구들은 이과를 선택했는데, 이 친구는 모든 분야에서 고루고루 점수가 높았다. 결국 남학생들이 가장 많이 선택하는 이과를 간 후, 또 가장 취업하기 좋은 기계공학과를 선택해서 대학에 진학했다. 지금은 기업연구소에서 전공을 살리고 있긴 하지만, 만약 어린시절부터 융합형 인재로 교육받았다면, 자신의 다른 재능도 충분히 꽃 피우지 않았을까?

최근 TV나 미디어에서 '부캐'프로그램이 나오면서 MZ세대 위주로 '부캐놀이'가 확산되고 있다. '부캐'란 온라인게임에서 자신이 원래 키우던 캐릭터나 계정 외에 따로 만든 캐릭터와 계정을 일컫는 말이다. 유명한 가수가 배우를 하기도 하고, 배우가 요리사가 되어 음식점을 열기도 한다. 일반인 중에도 여러 개의 직업을 가지는 경우도 많아지고 있다. 사회의 발전에 따라 전문성을 가져야 성공하던 시기에는 모든 교육들이 '한 우물을 파라'식의 접근을 했다면, 앞으로 다가올 시기는 점점 '여러 우물을 파라'가 필요해지고 있다. 사실 한 우물을 파는 것도 어려운데 여러 우물을 파야하는 요즘 세대들에게는 한숨부터 나올 일이다. 하지만 미래사회가 요구하는 인재상이 다재다능형으로 변화되고 교육도 그에 맞춰 다양한 진로나 자기계발 등을 어릴 때부터 강조하다보니 MZ세대의 경우 다양한 분야에서 자신의 능력을 발휘하는 경우가 많아지고 있다.

인터넷이 발달하고 정보화시대로 진화하면서 필요한 정보를 얻기가 매우 쉬워졌다. 정보를 얻기가 어려운 시대에는 한 우물 파는데 들어가는 노력이 매우 컸다면, 지금은 마음만 먹으면 새로운 분야를 배우고 익히는 것이 그다지 어렵지 않다. 따라서 지식 위주의 교육방식에서 점차 역량 위주의 교육과 배움의 활용이 그 어느 때보다 강조되고 있다. 예를 들어 과학에서 관찰력이라는 역량은 사물이나 현상을 자세히 살펴보는 능력을 말한다. 이 관찰력은 과학에서만 필요한 능력은 아니다. 미술 작품을 그리기 위해서도 필요하고, 춤을 추기 위해서도 필요하다. 여기에 수리능력이 결합하면 정보화된 데이터의 분석에도 도움이 된다.

분야들을 꿰뚫는 역량 중에서 가장 많이 언급되는 것이 창의성이다. 창의성(creativity)은 새롭고 독창적인 것을 생각하고 만들어 내는 능력을 말하지만, 결코 완전히 새로운 것이 아니다. 아인슈타인의 일반상대성이론은 뉴턴이 생각한 일반역학의 확장이며, 스티브 잡스의 아이폰 역시 휴대폰과 mp3플레이어, 인터넷을 하나로 합친 기기일 뿐이다. 하지만 어느 누구도 이것들을 하나로 합친다는 생각을 하지 못했다. 창의성의 발현은 이렇게 확장과 융합과 연결이 일어날 때 발생한다. 결국 창의성을 키우는 가장 좋은 방법은 어릴 때부터 역량 중심의 융합교육을 통해 생각을 확장하고 분야를 연결하여 다양하고 복합적인 사고체계를 키우는 것이다. 시간은 연속성을 가진다. 다가올 미래는 불확실하지만 현재의 연속적 흐름으로 예측가능성을 높일 수 있다. 과학기술이 미래의 변화를 주도하고 그 흐름을 이어갈 때 중요한 것은 결국 사람이며, 융합적 사고를 가진 인재의 양성이야말로 현재에서 미래로의 흐름을 이어주는 바톤이 되어 줄 것이다.

융합인재교육, STEAM 교육

현대 과학기술의 발전은 그 어느 때보다 사회와 문명의 변화를 촉진시키고 있다. 이를 이어나가기 위해서는 과학기술의 교육이 중요한 것은 당연할 것이다. 최근 미국, 영국 등 선진국을 중심으로 과학기술 교육이 점차 강조되어 STEM(Science, Technology, Engineering, Math) 교육을 진행하고 있다. 우리나라는 여기에 인문과 예술(Arts)을 추가하여 STEAM 교육이라 불리는 융합인재교육에 역점을 두고 있다. STEM 교육이나 STEAM 교육이나 과학, 기술, 예술 등 개별적 교육을 각각 하는 것이 아니라, 통합적이고 간학문적인 융합교육을 뜻한다.

1990년대 미국과학재단인 NSF(National Science Foundation)는 국가 경쟁력을 확보하기 위한 방안으로 과학, 기술, 공학 분야의 인재를 육성하는 것이 중요하며, 미래 사회의 변화와 요구에 부응하기 위해서는 개별적 인재가 아닌 다양한 학제간 융합이 적극적으로 이루어져야 한다고 보았다. 초기에는 과학, 수학, 공학, 기술의 영어 약자를 따서 SMET이라 불렀지만 smut(음란물)처럼 들린다고 하여 2001년에 STEM으로 바꾸었다. 또한 단순히 4개의 학문을 모아놓은 것이 아니고 4개 학문의 융합을 뜻하기 위해 'Integrative STEM Education'이라고 하였다.(Sanders 2009, Zollman 2012)

STEM 교육은 학생들의 수학, 과학의 학업 성취도가 낮고, 이공계 기피 현상이 높아지는 사회적 위기를 대처하기 위해 시작되었다. 수학 및 과학 기술 인재 양성과 더불어 지식과 기술 기반의 사회를 살아가야할 전반적인 국민 소양으로 요구되어진 것이다.(심재호 외, 2015) Zollman(2012)은 STEM 소양을 증진하기 위해 다음의 네 가지가 필요하다고 하였다. 첫째, 각각의 소양을 나누지 않고 섞고 희석하여 메타과목으로 거듭나야한다. 둘째, 내용과 교수활동을 혼합해야 한다. 이것은 과학의 내용은 줄이고, 학생들이 탐구하거나 분석하는 활동을 도와야 하는 것을 말한다. 셋째, 학생들의 태도, 신념, 자기효능감(self-efficacy), 자신감, 동기를 고려한다. 넷째, 학생들은 STEM 기술을 자연스럽고 효과적으로 사용할 필요가 있다.

그렇다면 과학기술의 융합교육인 STEM에서 예술(Arts)이 들어간 이유는 무엇일까? 과학기술과 예술과의 공통점에서 그 이유를 찾아볼 수 있다. 예술의 가장 기본적인 속성은 창의성이다. 과학기술과 예술 모두 창의성의 발현이 매우 중요한 요소이며, 다양한 측면에서 경계없는 사고와 틀을 깨는 생각이 이들을 발전시켜 왔다. 예술은 흔히 표현의 학문이라 불린다. 과학기술의 표현은 주로 수학적 기호나, 논리적 표현으로 나타내지만, 그것을 모르는 일반 대중에게 다가가기는 쉽지 않다. 혁신의 아이콘이라 불리는 애플의 제품들을 보면, 대중들을 사로잡는 유려한 디자인과 인터페이스 설계가 그 안의 첨단기술을 너무나도 잘 표현해주고 있다. 과학기술도 결국 사람과 사회에 들어가기 위해서는 과학기술적 표현이 아닌 대중에게 다가갈 표현이 필요하며 이는 표현의 학문인 예술이 그 부분을 해소시켜 줄 수 있다.

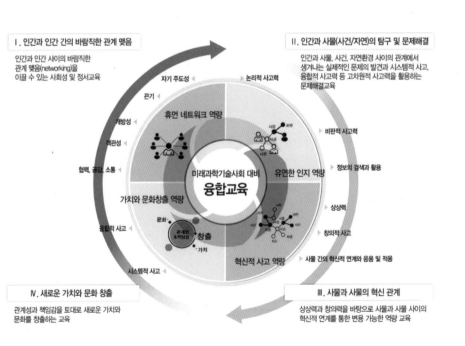

융합교육 2030의 방향과 핵심 역량(안)(박현주 외, 2019)

우리나라는 창의적 융합인재 양성을 위해 2011년 한국형 STEAM 교육을 정책적으로 시작하였다. 당시 교육과학기술부는 '제2차 과학기술 인재 육성·지원 기본계획(2011~2015)'을 발표하고 지속적으로 추진 중에 있다. 또한 한국형 STEAM 교육의 총론과 개념 연구에서 4C-STEAM 교육을 제시하고 있는데, 이는 지식과 활용의 융합(Convergence), 문제해결능력을 포함한 창의성(Creativity), 협력과 이해의 소통(Communication), 자신과 사회의 배려(Caring)를 추구하는 융합적 소양을 갖춘 인재를 양성하는 교육을 말한다.(백윤수 외, 2011) 현재까지 우리나라의 STEAM 교육은 여러 연구를 통해 충분히 효과가 있음을 증명하였지만, 여전히 통합과 융합적 교육이기보다 개별적인 과학, 기술, 예술 등의 교육들이 섞이지 못하고 단순한 나열과 결합으로 진행되고 있다. 따라서 미래사회의 변화를 선도하기 위해 더 나은 우리나라의 융합교육의 설정과 실행이 필요해지고 있다. 이를 위해 인간과 인간, 인간과 사물, 사물과 사물 간의 유연한 관계 맺기(networking)와 혁신을 통해 개인의 행복과 사회의 균형과 발전에 기여하는 교육인 '융합교육 2030'을 설정하여 기존의 STEAM 교육을 보완하고 미래사회의 변화에 대비하고 있다.(박현주 외, 2019)

과학에도 문화예술의 바람이 분다

학교 교과에서의 과학교육은 인류가 오랫동안 쌓아온 지식을 배운다. 누가 어떤 이론을 만들었고, 어떻게 증명이 되는지를 오랜 시간 답습하여 익숙하게 만든다. 학생들은 과학이 지식으로만 이루어졌다고 오인하기 쉽다. 이는 과학의 허들을 높게 만들고, 그 허들을 통과한 사람들만의 전유물이 될 뿐이다. 과학은 탐구의 과정이고, 그 과정을 거쳐 과학적 지식이 만들어진다. 과학이 사람과 사회의 곁에 오래도록 유지되고 그 역할을 충실히 하기 위해서는 지속적인 변화의 바람길을 따라 걸어야만 한다. 과학도 하나의 문화가 될 수 있다. 미래 사회는 과학기술의 역할이 중요하다. 사람과 사회, 과학기술을 이어주고 엮여주는 윤활유가 문화인 것이다.

과학을 전공하고 대중들에게 과학을 알리는 일을 꽤 오랫동안 해오고 있다. 처음엔 열심히 과학이론을 설명하고 그 중요성을 강조했었다. 대중들에게 신기함 외에는 줄 수 있는 것이 없었다. 가장 많이 들은 말이 '어렵다'였다. 지금 생각해보면 어려울 수 밖에 없었다. 그 당시 쓸 수 있는 표현은 과학적 지식과 수식이 다 였으니, 그것을 모르는 대중들은 난해함을 느낄 수 밖에 없었다. 그래서 생각한 것이 이해할 수 있는 사람들에게 지속적으로 교육하는 것이었다. 하지만 이것도 소수에게만 가능한 일이라는 것을 깨달았다. 아직까지도 과학을 대중들에게 전달하는 것이 쉽지는 않다. 하지만 멋진 사진이나 그림을 보여주고, 때론 음악과 공연도 함께 곁들인다. 사람들은 자신의 지식과 경험 속에서 그것들을 나름대로 이해하고 재정립시켜간다. 물과 기름은 섞일 수 없다고 알려져 있지만, 계면활성제를 사용하면 물과 기름도 섞일 수 있다. 과학기술과 문화예술은 물과 기름처럼 보이지만 '사람'이라는 첨가제로 융합될 수 있다. 사람은 자라고 성장하고 교육을 받는다. 과학기술과 문화예술의 융합이 지속적인 교육과 함께한다면 모든 사람을 과학자로 만들 수는 없지만, 많은 사람이 과학을 사랑하게 할 수는 있지 않을까.

(참고문헌)
박현주, 심재호, 강현영, 이효녕, 이지애, 김어진, 홍창섭, 함형인, 장혜원 (2019). 융합교육 종합계획 수립을 위한 기초연구. 한국과학창의재단 연구보고서. 서울: 한국과학창의재단.
백윤수, 박현주, 김영민, 노석구, 박종윤, 이주연, 정진수, 최유현, 한혜숙 (2011). 우리나라 STEAM 교육의 방향. 학습자중심교과교육연구, 11(4), 149-171.
심재호, 이양락, 김현경 (2015). STEM, STEAM 교육과 우리나라 융합인재교육의 이해와 해결 과제. Journal of the Korean Association for Science Education, 35(4), 709-723
Sanders, M. (2009). STEM, STEM Education, STEMmania, the Technology Teacher, 68(4), 20-26
Zollman, A. (2012). Learning for STEM Literacy: STEM Literacy for Learning. School Science and Mathematics, 112(1). 12-19

과학기술과
문화예술교육의
융합

이수화
—
㈜코그넷나인 전문위원

서울대학교 서양사학을 전공하고, 동대학교 인지과학협동과정에서 석사·박사과정을 졸업했다.
컴퓨터 형이상학을 완성하기 위해 뇌·심리학·언어학·인공지능을 연구하였다.
언어과학에서는 영어 발음교정기, 청담러닝에서는 아동용 미디어아트-인터렉션의 영어공부 교재,
3차원 가상현실 영어마을인 호두잉글리시를 엔씨소프트와 함께 개발하였다.
현재 코그넷9에서 체화된 인지 상업 프로젝트를 기획하여 만들어나가고 있다.

사물이 살아있는 제4차 산업혁명

세계경제포럼(World Economic Forum) 2016년 1월에 발표된 단어 '제4차 산업혁명'. 산업의 근본이 뿌리째 뒤바뀌는 혁명이 산업혁명이다. 영국 역사학자 아놀드 토인비(Arnold Joseph Toynbee, 1899~1975)가 만든 역사용어이다. 『풀려난 프로메테우스(Unbound Prometheus)』는 1750년 이후 열에너지를 내·외연기관을 통해 운동에너지로 바꾸는 데 성공한 인류가 만든 최초의-제1차 산업혁명-에 대해 연구한 책이다. 제우스를 속여 불을 인간에게 몰래 주었다는 벌로 코카서스 산 바위에 쇠사슬에 결박당하여 독수리에게 간을 쪼아 먹히던 프로메테우스가 풀려나서 인간에게 더 발전된 '운동에너지'를 준다. 그 이전까지 자연 동력에 의존해서 한계가 있었던 운동기관을 광범위하게 만들어 내는 데 성공, 대량생산의 산업으로 이행하였던 제1차 산업혁명. 인간의 수작업으로만 가능했던 소규모 생산이 공장제 수공업을 거쳐 공장제 대량생산의 체제를 갖추었다. 공장제 대량생산에 필요한 방적기 등의 운동에너지를 증기기관으로 해결할 수 있게 되었기 때문이다. 이어 대량의 생산물을 방방곡곡 육로로, 수로로, 해로로 보내기 위해서 증기기관차, 증기선, 증기 외항선 등이 등장했다. 이때 새로 만들어진 단어가 바로 플랫폼(platform). 역에서 승객이 승하차가 쉽도록 지면보다 높은 긴 장소를 말하는데, 한 역에서 사방으로 뻗쳐나가는 곳을 상대할 수 있도록 설치된 장치이다. 수공업의 시대에는 점에서 점으로(포인트-투-포인트; point-to-point) 연결이라는 일대일의 관계성만 존재했었다. 산업혁명을 거치며 생산의 양식이 근본적인 변혁을 겪었으며, 세상 삶의 양식(Modus Vivendi) 역시 변화를 겪었으며, 시대정신(zeitgeist)의 큰 변화라는 결과를 가져왔다. 제1, 2, 3차 산업혁명이라는 용어는 역사학계의 공인된 용어는 아니지만, 시대상과 삶의 양식을 어느 정도 표현할 수 있는 포괄성을 지닌다고 볼 수 있다.

제1차 산업혁명은 더 발전된 대량생산, 전기에너지의 제2차 산업혁명. 바야흐로 대중 소비시대의 개막을 열었다. 제3차 산업혁명은 정보혁명으로서, 정보이론을 바탕으로 한 컴퓨터, 정보통신의 발전으로 인한 지식정보의 혁명이다.

제4차 산업혁명은 WEF 의장이었던 독일 경제학자 클라우스 슈바프(Klaus Schwab, 1938~)가 만든 용어이다. 인공지능과 무선통신, 발전된 배터리 기술로 가능하게 된 사물인터넷(Internet of Things; IoT), 지능형 시스템과 같이 '살아있는' 사물, 즉 무생물의 인공물이 마치 살아있는 생명과 같이 스스로 판단하고 생각하며 인간에게 도움이 된다는 지능에 의해서 모든 것이 지배되는 양태를 의미한다. 모든 것이 살아있으므로 운전자가 없는 자율주행차, 스스로 주인을 알아보고 문을 열어주는 대문, 생산 기계를 관리·감독하는 인간이 없는 자율생산 기계 같은 자동화된 대량생산, 대량수송이 가능하게 된다. 10^{360} 복잡도를 갖는 바둑에서 인공지능 바둑기사 알파고가 2016년에 인간계의 대표인 이세돌 9단에게 4:1로 승리함에 따라 인공지능이 열어가는 자동화 시스템에 대한 믿음은 더 커지게 되었다.

산업혁명의 진화가 계속됨에 따라, 인간의 노동에 의존하던 생산은 어느 순간 지식과 정보에 그 중심이 놓이게 되었고, 지식과 정보의 제3차 산업혁명에서, 인간이 독점하던 지식은 정보화를 통해 물질화되어 탈인간화된 지식인 정보로써 대량생산에 이바지하게 되었다. 제4차 산업혁명은 대량생산의 플랫폼에 탈인간화된 정보가 들어차는 새로운 삶의 양상이 드러나게 되었다. 이에 새롭게 등장한 문제가 있다. '앎'은 인간이 독점해왔고, '함'은 기계에 의해 서서히 대체되어 오다가, 지식과 정보를 다루는 컴퓨터가 등장한 이래, 지능 일부분을 컴퓨터가 부분적으로 맡아오다가 '지능적 시스템'이 본질인 제4차 산업혁명에서 드디어 인간과 동등한 '앎'이 등장하므로 나타난 문제이다. '앎'과 '함'의 관계 정립이 본격적으로 중요하게 되었다. 인간의 독점을 벗어난 '앎'과 '함'의 관계성에서 과연 인간의 '앎'은 어떤 자리매김을 해야 하는가? 그 관계는 어디서부터 출발해서 어디로 흘러가는가? 문화예술과 과학기술은 그 관계성에서 어떤 자리에 놓여있는가? 교육은 무엇을 가르치고 배우는 것이어야 하는가? 근원적 질문에 대한 답을 제안하기에 앞서서, 살아있음을 '앎'과 '함'의 관점에서 살펴보도록 하자.

살아있는 시스템 :
지식을 넘어선 정보, 새로운 '앎', 살아있는 '앎'. 연결과 커뮤니케이션

인문학의 지식 지향적 계몽주의와 실체를 동경한 물리학의 공통점은 불변하는 실체 위에 형이상학과 에너지가 흘러 다닌다는 천체 모형적 시스템이었다. 기계에 입력을 넣으면 출력이 생성되는 작동기관적 기계론이다. 기계 움직이는 방법인 '앎'과 기계 움직임인 '함'은 아주 엄격히 분리되어 있다. 이를 통합해야 세계의 변화가 일어나는데, 인문학 이론 시스템에서는 실천적 윤리학이 추가로 필요한 시스템이고, 물리학 이론 시스템에서는 끊임없이 '앎'이 주입되는 관리 시스템이 필요하다.

현재 인지과학의 주류인 체화된 인지는 개체적 인간을 넘어서서 정보가 '몸'의 개념을 형성하여 체제 내부와 외부를 엄격히 구분하며, 자기생성-autopoiesis-과 자기 조직화를 통해 외부와 상호작용을 끊임없이 진행하면서 시스템 간의 커뮤니케이션을 진행하는 현상이 지능이라는 보다 진보적인 지능의 정의를 내린다. 정보가 물질, 에너지, 지식과 구분되는 완전히 새로운 개념이고, 가장 근본적인 기초이며 모든 시스템이 살아있으면서 자기생성을 통해 끊임없이 진화해 나간다는 극단적인 구성주의적 관점을 통해 사고, 몸, 세계, 다른 유기체를 연결해 나간다는 마투라나, 바렐라, 루만의 사고에 의해 발전되어 나간다. '앎'이 먼저 존재하고, 그 위에 '함'이 생겨난다는 주장은 작동기관적 기계론의 종말을 의미한다. 몸으로 변한 정보, 즉 체화된 인지과학에서 궁극적으로 중요한 것은 사고, 몸, 세계-환경 그 각각이 아니라 각 체제가 서로 커뮤니케이션한다는 오로지 그 소통의 현상뿐이다.

이런 생각의 가장 밑바닥에는 엔트로피와 정보량을 다루는 「정보이론」이 떠받치고 있다. 정보는 소통해야 의미가 있고 정보량이 발생하는 신기한 현상이자 존재이기 때문이다. 인간화된 정보인 지식에 많은 의미가 깃들여 있다고 비판 없이 받아들이기 쉬우나, 정보는 지식보다 상위의 개념으로서, 지식으로 표현이 안 되는 정보 표상이 가능하다. 딥러닝의 기계학습 방법이 표상학습-representation learning-이며, 비언어적 실수형 표상이 학습되도록 만드는 데 성공하였다. 특이한 정보인 엔트로피가 큰 정보이므로, 특이성을 추적하도록 머신러닝을 설계하면 엔트로피가 큰 정보를 모아서 압축시킬 수 있게 되었다. 압축된 덩어리를 표상이라 부르며, 지식적 수사학과는 아무 관계가 없게 되었다.

딥러닝의 성공이 신경과학의 양적, 작동기관적 기계론에 의한 정밀과학의 성공에 기인한 바라기보다는, 과격한 정보이론의 근본화라는 패러다임을 마련하고, 이에 기반한 정보처리의 양적 폭발성 및 기술의 발전에 힘입은 바에 있다. 딥러닝 연구자들은, 연구를 살아있게 만들기 위한 가장 적극적인 도전으로서 살아있는 유기체인 오픈 소스 커뮤니티를 구성해서 연구업적의 상호 커뮤니케이션 극대화와 매우 활발한 소스 업데이트 속도를 달성했다.

딥러닝은 지능에 관한 분석적 학문인 심리철학, 심리학, 언어학, 신경과학과 구성적 학문인 인공지능이 정보이론을 중심으로, 정보라는 패러다임을 통해 활발한 커뮤니케이션을 40년간 이뤄온 인지과학의 역사적 산물이기

도 하다. 모든 사물이 살아있으면서 생각하는 공간이 체화된 인지 공간이
며 살아있는 시스템이다. 이를 만드는 제4차 산업혁명의 중심에는 정보와
커뮤니케이션 혹은 연결이 들어차 있는 것이다.

체화된 인지 (Embodied Cognition)

체화된 인지의 최초 시작은 '인지'이다. 즉 생각에 몸을 갖다 붙이는 일이
인지를 몸으로 만드는 일이다. 인지는 무한대의 범위, 무한대의 시간에 걸
쳐있다. 인지는 인지일 뿐이므로, 시공간 물리의 법칙이 통하지 않기 때문
이다.

여기에 몸을 달기 위해서는 폐곡선을 만들면 된다. 생각의 범위를 만들면
된다. 밀(John Stuart Mill)의 『자유론(On Liberty)』 제2장에 나오는 유명한
논변인 주장에서는 반대주장이 중요하다가 등장한다. 반대가 없으면 주장
의 범위가 정해지지 않기 때문이다. 무한대의 진리는 있을 수 없으므로, 진
리가 되려면 그 범위가 정해져야만 하고, 그 참값이 유효한 영역이 바로 반
대주장이 밀어붙이는 경계선에 있다는 것이다. 이것이 생각 혹은 인지의
폐곡선이다.

폐곡선으로 외계와 자기 몸을 구분할 수 있게 되면, 곧이어 그 막힌 폐곡선
이 다른 몸과 여타 외계와 끊임없이 안과 밖으로 에너지와 생각을 실어날
라야 한다. 이를 '연결'이라 부른다. 앞서 언급했던 니클라스 루만(Niklas
Luhmann) 같은 사회학자는 물리적 시스템이 중요한 것이 아니라 사회에
서 오로지 연결만이 중요하다는 주장을 한다. 사회체계이론이다. 안과 밖
이 구분된 폐곡선의 몸이 다른 몸과의 연결, 몸과 외계와의 연결을 시작하
면 그 결과로서 자기생성(autopoiesis), 자기 조직화가 등장한다. 딥러닝의
이론적인 정초인 인공신경망은 뉴런의 연결이 어떠한 정보 값을 가지는

표상(representation)을 만들어 낼 수 있다는 점에 착안한 인공구조물이다. 이에 의하면 사변이 표상할 수 없는 100차원 이상의 표상이 얼마든지 가능하다. 문법만 가지고서는 독해할 수 없는 영어문장을 다양한 언어로 번역하는 신경만 번역기, 알파고, 딥러닝 얼굴 인식기 등이 사변과 기호 논리로 표현될 수 없는 복잡한 표상을 머신러닝을 통해 포착하여 모형화가 가능한 것이다.

'생각'은 식은 죽 먹듯 쉽게 바꿀 수 있으므로, 변하지 않게 하려면 어디에다가 적어놓고 양쪽에서 도장을 두 번 찍어 하나씩 나눠 갖거나, 서로 도장 찍은 것을 누가 지켜보는 앞에서 찍어 나눠 갖거나 한다. '생각'은 어디까지나 생각하는 사람 머릿속에 박혀있는 것일 뿐이지 냄새도, 맛도, 모양도, 색도, 느낌도 없는 무엇일 뿐이다.

반면에 '몸'은 어떨까? 초등학생을 평정한 베스트셀러인 [무인도에서 살아남기]를 보면 정답이 나와 있다. 일정한 온도인 36.5도, 공기, 물. 한 가지만 빠져도 몸은 살아갈 수 없다. 몸은 많이 먹거나 굶거나 역기를 들면 변하기도 하고, 세월의 흐름이 몸에 반영되기는 하나, 적어도 식은 죽 먹든 몸을 바꿀 수는 없다. 잘 만들어진 카메라 앱의 필터를 통해서만 매우 순식간에 멋지게 변한다고 할까. '생각'과 정반대이다. 몸에는 냄새도, 맛도, 모양도, 색도, 느낌도 있다. 몸은 변하기 어려우나, 계속 온도, 물, 공기, 밥을 주지 않으면 죽는다. 운동도 해야 하고, 잠도 자야 하고, 몸이 감당할 만큼의 충격에만 노출되도록 보호해야 한다.

과학기술은 '몸'이고, 문화예술은 '생각'이었다. 움직이면서 변화하지 않는 개체, 물리적인 실체가 있는 객체가 '몸'이라 한다면 과학기술, 적어도 근대의 과학기술은 이러한 물리적인 실체를 양으로 다루는 것을 첫 번째 목표로 한다. 반면에 몸이 없는 순수한 생각이면서도 변화무쌍한 개체, 물리적인 실체가 없으므로 무한대의 범위를 포괄하는 질적으로 다루는 것을 문화예술이라 했다.

더 정확하게 주장해보자면, 몸이 있고 없고의 이슈보다는, 살아있는 생명체가 몸과 생각이 모두 있는 것처럼, 궁극적으로 세상의 객체는 몸에 생각이 달린 형태가 매우 일반적인데 그 출발이 하나는 몸에서, 다른 하나는 생각에서 출발한다는 점이 서로 다르다고 해야 정교한 주장이 될 것이다. 몸에 기인하여 생각을 붙인 형태가 과학기술에서 출발한 모양새, 생각에 기인하여 몸을 만들어나가는 형태가 문화예술에서 출발한 모양새이다.
체화된 인지는 생각으로부터 출발해서 몸을 만드는 방식을 일컫는다. 맛도, 모양도, 색도, 느낌도 없는 생각을 맛도, 모양도, 색도, 느낌도 존재하는 몸을 만들어 입힌다고 상상하면 이해가 쉬울 것이다. 우리는 '생각'의 주력선수이던 문화예술을 이제 살아있는 시스템의 시대에 어떻게 적용할 것인가? 즉 '융합'시킬 것인가, 몸을 나타내는 과학기술과 어떻게 융합시킬 것인가? 그 융합을 어떻게 가르치고 배울 것인가?

살아있는 시스템의 시대에 체화된 인지 : N+1차원에서 지휘하라!

제3차 산업혁명까지의 물질과 정보(탈인간화된 지식)는 세상을 바라보는 기본적인 시대정신(zeitgeist)이었다. 물질적 풍요가 풍요로움의 대표이며, 인간의 소외, 정신적 윤리관의 약화, 사변에 의존한 인문학의 약화가 그 양상이었다. 문화예술은 오갈 데 없는 정신세계를 대변하던 거의 유일한 목소리이자 형상화, 형상화된 몸이었다. 예술가들이 온 인생을 바쳐 예술혼이 나타내려 하는 생각을 몸으로 만들어 보여주고, 들려주고, 만져지게 만드는 것이 바로 예술적 생각의 '몸'이었다. 이러한 예술적 생각의 '몸'은 어디까지나 대량생산을 책임지는 운동기관이거나 정보기관, 아니면 운동플랫폼이거나 정보플랫폼, 혹은 대량유통플랫폼이거나 대량정보유통 플랫폼이 아니었으므로 소비의 몸, 사용의 몸이었다.

제4차 산업혁명에서는 인공지능에 의해서 앎과 함이 통합되므로 상황은 180도 역전된다. 사물이 살아있으면서 앎과 함이 유기적으로 연결된, 살아있는 시스템에서의 예술은 생산과 소비가 구분되었던, 즉 '앎'과 '함'이 구분되었던 이전 시대의 시대정신과 근본적으로 완전히 다르다. 극명한 대조점은 '앎'이 '함'을 낳고 '함'이 산출을 낳는다는 체화된 인지로부터 출발한다. 인간에 의한 앎의 독점은 함이나 몸과 분리된 채, 사변이거나 예술이거나, 대량생산체제를 끌고 가는 판단력이었다. 인공지능, 무선통신기술, 발전된 배터리-에너지 고축적 기술에 의해 물건은 이제 앎이 더해져 살아있는 물건이 되었다. 인공지능에 의한 생산의 혁명, 재고의 최소화, 비용의 최저화라는 경제적인 측면만 너무 강조됐다. 실은, 앎과 함이 분리되어 몸을 만들기 위한 과학기술을 문화예술의 측면에서 지독하게 달성하기 어려운 문제들이 해결된다는 점이 훨씬 더 중요하다. 예술적 인지를 체화시키기는 매우 어려웠으므로 이의 주도자는 소수의 미디어 예술가들, 전위 예술가들이었다. 그러나 이제 앎과 함이 통합된 살아있는 사물들이 등장하기 시작한다면, 예술의 역할도 한 차원 더 상승해야 한다. 이는 '앎'과 '함'이 통합되어 있으므로 이 둘 다의 방향성을 만들어 주어야 한다는 당위성뿐 아니라, 융합은 융합하려는 대상과 같은 차원에 존재해서는 안 되고, N+1차원에서 내려다보아야 가능해지기 때문이다.

교향악단의 지휘자는 단원과 입장이 틀리다. 악단의 단원은 자기가 연주하는 악기를 마스터하여 훌륭한 기교를 보유하면 된다. 그러나 지휘자는 단원과 악기를 하나로 묶어 그 덩어리를 지휘해야 한다. 여기서 단원은 문화예술, 악기는 과학기술에 해당한다. 단원은 '앎', 악기는 '함'이다. 새로운 시대의 융합적 문화예술교육은 단원과 악기를 묶은 덩어리를 연주하는 지휘자의 견해가 필요하다. 그동안의 문화예술은 그 매우 곤란하고 어려운 예술적 형상화를 위해 노력을 기울여왔다. 그런데도 이는 생산과 생산력 증진을 위한 경제적 활동은 아니었다. 새로운 시대의 살아있는 예술은 과학기술의 산물인 '몸'을 포괄하게 되므로 예술 활동의 형상화가 쉬워지며 동시에 생산활동을 포괄할 수 있다. 생산의 주체이자 동시에 소비의 주체의 좋은 사례는 돈 벌어주는 자율주행차에 있다. 자동차의 24시간 중, 소유자에 의한 사용은 10~20%에 불과하므로, 남는 시간에 자동차가 돈 벌어오는 운송기관이 되어 주인을 위해 관광안내자의 역할도, 택시의 역할도, 심지어는 이동하는 보안검색대나 이동하는 호텔, 모빌리티 공장의 임무를 수행하여 생산에 이바지할 수 있다. 예술작품으로서의 자율주행차는 600년 전의 삼봉 정도전 선생의 생각과 구상을 형상화한 조선 초기 사대부의 실내장식, 창밖에 보이는 수도 한양의 모습은 600년 전의 정도전이 설계했던 여러 도시구조물과 궁들이 보이게 할 수 있다. 궁중 정악이 카 오디오에서 흘러나오는 것이 아니라 과거 조선왕조의 궁중음악에서 모티프를 딴 현대 음악이, 심지어 정도전 막걸리도 한잔 만들어 줄 수도 있을 것이다.

살아있는 시스템을 지휘하는 예술, N+1차원에 도달하는 융합예술은 앎과 함, 생산과 소비, 기호와 고차원 이 모든 대립 항을 융합시킬 수 있다. 이를 달성하기 위해서는 우리에게 마지막 숙제가 남아있다. 어떻게 이를 가르치고 배울 것인가?

과학기술과 문화예술 융합을 가르치고 배우기

융합은 투입물질을 녹여 원래의 물질적 성질로부터 파생된 새로운 성질의 물질을 만들어 내는 것이다. 영어로는 fusion이라 한다. 혼합과 무엇이 다른가 하면, 원래의 물질로 되돌아 갈 수 있는 것이 혼합, 되돌아갈 수 없는 것이 융합이다. 예술은 생각을 형상화하는 끊임 없는 막대한 노력이 필요하므로, 그 세부분야를 형상화 솜씨에 따라 한없이 구분할 수 있다. 또한,

솜씨는 그 완숙도나 완성도가 매우 중요하므로, 이 완결의 정도에 따라 예술의 궁극적 완성도가 결정된다고들 생각하는 것이 통념이다. 이는 과학기술의 솜씨에서도 마찬가지이다. 계산이나 모형화 등 과학기술에 필요한 솜씨를 얼마나 완숙하게 구사하는가가 훌륭한 과학자인가 아닌가를 결정한다고 마찬가지로 생각한다.

이는 모두 융합을 방해하는 태도이다. 앎과 함이 분리되어 있던 종래의 생산기술이자 시대정신에서는 인간이 앎을 독점하고, 이 독점된 앎에 의해서 인간에 의해서 치밀하고 정교하고 완성된 솜씨에 의해서 함이 나타나야 하므로 어떤 의미에서는 독창적이고 창조적인 앎보다는 함을 만들어 내는 솜씨가 더 대접받고 훌륭하게 여겨져 왔던 것도 사실이다. 심지어 3차원 컴퓨터 그래픽스의 과학기술이 인터렉티브 미디어와 연결된 것이 3차원 게임 그래픽스이고 스토리 텔링과 연결된 것이 3차원 애니메이션인데 현실에서는 두 가지를 각각의 경력으로 인정할 뿐, 이 두 가지를 섞거나 융합하는 것을 인정하지 않는다. 이는 창조적인 앎보다 함을 만드는 솜씨의 완성도가 예술에서 더 우선시된다는 것을 의미한다. 앎과 함이 분리된 시대의 시대정신이자 생산과 소비가 분리되었던 시대의 시대정신이기도 한 것이다. 쇠라의 점묘화가 이우환의 돌과 쇠줄로 이뤄진 현대조형물보다 훨씬 만들기 어렵고 정교한 세공이 들어갔으므로 매우 훌륭한 작품이라 말하는 것과 같은 태도이다.

융합의 지향점이 N+1차원에 놓이게 해야 한다. 그러기 위해서는 융합의 하부 구성요소 중, 융합에 필요한 요소를 더 간결히 분해해서 사용해야 한다. 앎과 함의 융합을 위해서는 '생각'과 '움직임'의 공통분모인 생각과 체화라는 두 가지를 바탕으로 융합을 해야 한다. 이는 사실 가르쳐줄 수 있는 솜씨라기보다는 학습자 본인의 끊임없는 갈구와 물음에 의해서만 찾아질 수 있다. 사실 어떤 학문 분야든 그 '학문' 성향에 의해서 학문의 범위를 준다. 학문이 살아있는 존재라 한다면, 학문의 배경적 성향은 암묵기억에 해당한다. 융합적 학문은 체화된 인지에서의 인지 폐곡선을 새로 설정하는 작업이 최우선으로 먼저 수행되어야 할 과제이다. 이는 N+1차원의 새로운 시각, 기존 각각의 분과적 학문에서 자연스럽게 끌고 가던 그 학문의 범위에 대한 무비판적 순응을 버려야 도달할 수 있다.

새로운 폐곡선을 그려내어 융합의 지향점을 담는 몸을 만들었다면, 곧바로 많은 것들을 서로 엮는 연결작업을 진행해야 한다. 조류는 진화과정을 통해 엄청난 시행착오를 통해 날개는 강한 바람을 견뎌야 살아남으므로, 날개뼈가 직각으로 잘 엮여있으며 동시에 깃털에 의해서 바람이 새나가지 않게 해야 도달할 수 있는 비행을 위한 날개의 기능성을 달성하였다. 이는 현재 5G 이동통신, WiFi6 같은 고속 무선통신에서도 마찬가지로 이용되고 있다. 주파수 여러 개를 한꺼번에 보내고 받는 OFDMA(직교주파수분할다중접속)를 넘어서서, 주파수 하나에 상대하는 여러 무선기기의 정보를 한꺼번에 넣어서 단말기가 늘어나도 병목이 생기지 않게 하는 기능성 (MU-MIMO;Multi-User Multiple Input Multiple Output)은 추상화시키면 조류 날개의 기능적 해부와 같다. 여러 하부요소를 기능적으로 융합하여 충돌하지 않게 잘 엮었다는 점에서 그렇다. 즉 융합에서의 연결성은 대상 세부 혹은 하부학문, 솜씨를 한 단계 위로 추상화시키거나 반대로 추상화된 생각을 한 단계 내려가서 형상화하거나 하는 층위적 상하부 이동을 지칭한다. 이 이동을 빠르고 유연하게 진행할수록 지휘자가 되는 셈이다. 이를 융합의 교육, 지휘자를 만드는 교육, 즉 살아있는 시스템을 지휘하는 지휘자를 만들어 내는 교육이라 할 수 있다. 우리의 구체제적 교육 체계는 아직도 앎과 함 각각을 세부적으로 잘 다루고 익히는 데만 최적화되어있다. N 차원의 객체들을 유연하게 연결하는 데 필요한 N ⇄ N+1차원의 추상화, 형상화를 오가는 능력, 이것이 과학기술과 문화예술의 융합 능력이다. 이런 능력을 길러주는 것이 바로 융합 교육이라 할 수 있다.

살아있는 예술교과서,
행위자의 행동데이터 분석과 피드백에 기반하다

예술은 위대한 아이디어로서 출발하나, 구체적인 행동으로 귀결된다. 과
거로부터 이어온 위대한 예술교육의 전통은 학생에 의한 표현예술 행위를
얼마나 좋은 선생님이 관심을 가지고 지켜보며 지도해주는가에 성패가 달
려있다. 이에는 많은 시간과 노력, 장소와 결국 비용이 필요하다. 보통교육
을 지향하는 국민의 학교에서는 할 수도, 할 필요도 없는 교육이었다. 진짜
학교에서는 가능했고, 이를 통해 창의성과 더 나아가서는 세상을 비판적으
로 보는 강력한 추론 능력을 학생들은 획득할 수 있었다.

국민을 위한 진짜 교육, 국민을 위한 예술교육은 행위자의 행동을 어떻게
컴퓨터가 지켜보고 인사이트를 얻어내고 좋은 피드백을 줄 것인가의 데이
터과학, 컴퓨터 과학, 행동과학의 종합이 필요하다. 멀티미디어의 화려한
그림과 영상, 소리를 제공하기 위한 태블릿 기반 디지털교과서가 아니라,
카메라와 자이로 센서, 중력 센서와 열 감지 센서가 붙은 행동 감지 디지
털교과서가 그것이다. 이는 별로 새로울 것도 없이, 보통의 스마트폰이 지
닌 능력치이다. 이제 컴퓨터의 역할은, 진짜 학교에서의 예술교육 조교로
서 반복적인 연습을 통해 획득해야 할 루틴을 학생들이 훌륭히 단시간에
익숙해지도록 도와주는 역할이다. 교사는 이러한 컴퓨터 조교들의 데이터
분석과 추론을 통해 아주 효과적인 학생 행동의 벡터화, 정리, 그리고 인간
교사에 의한 감화와 동기부여를 행한다. 무엇보다도, 현재의 교과서는 다
지선다형 지식이나 몇 가지 능력을 검사하는 용으로, 즉 점수분포의 정규
화가 근본적인 목표이나, 달라질 디지털 예술교과서의 지향점은 '학생들이
루틴의 획득이나 창조적인 행위의 수행에서 어떤 행위 데이터의 분포를
보이는 것인가'를 획득하는 것이다. 예술에듀케어라 부를 수 있겠다. 학생
들에 의해서 반사되는 예술 행동에 대한 가장 과학적인 데이터를 통해, 예

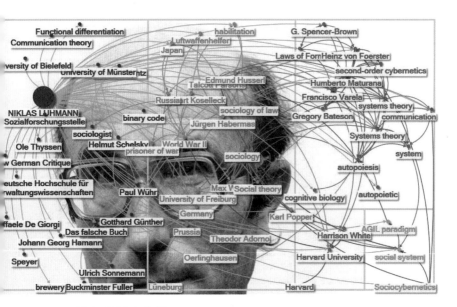

니클라스 루만과 시스템이론

술과 과학이 훌륭하게 만나며, 다시금 학생들이 예술가와 그 예술 행위의 데이터 축적과 분석, 추론을 통한 +의 피드백을 받게 되는 것이다. 이것이 과학기술과 문화예술을 융합한 현시점의 존재물이라 할 수 있을 것이다.

참고문헌

• 글릭, 제임스 (Gleick, Games). 『인포메이션』 (The Information). 박래선, 김태훈 역. 서울: 동아시아, 2017.

• 루만, 니클라스 (Luhmann, Niklas). 『체계이론 입문』 (Einführung in die Systemtheorie). 윤재왕 역. 서울: 새물결, 2014.

• 마뚜라니, 움베르토 (Maturana, Humborto R.)와 바렐라, 프란시스코 (Varela Francisco J.). 『앎이 나무』 (Der Baum der Erkenntnis). 최호영 역. 서울: 갈무리, 2007.

• 매즐리시, 브루스 (Mazlish, Bruce). 『네번째 불연속』 (The Fourth Discontinuity). 김희봉 역. 서울: 사이언스북스, 2001.

• 브린울프슨, 에릭 (Brynjolfsson, Erik)과 맥아피, 앤드루 (McAfee, Andrew). 『제2의 기계시대』 (The Second Machine Age). 이한음 역. 서울: 청림출판, 2014.

예술과 과학기술은 왜, 어떻게 문화예술교육에서 만나는가?

현혜연

—

중부대학교 사진영상학과

중부대학교 문화콘텐츠학부 사진영상학 전공 교수이자 문화예술교육원장,
1997년 어린이 사진캠프로 문화예술교육 현장의 모험을 시작한 이래, 다양한 사람과 문화,
주제와 관련한 문화예술교육 연구·기획·실천에 매진하고 있다.
한국문화예술교육진흥원 창의예술교육랩 사업의 컨설턴트로도 참여하였다.

문화예술교육은 누구나 가진 자기 삶의 창의성을 발현할 수 있도록, 그래서 자기 삶에 대한 믿음을 잃지 않고 기꺼이 행복을 찾을 수 있도록 돕는 예술의 한 실천이다. 한 사람이 예술을 통해 창의성을 발휘하고 삶을 믿고 행복할 수 있다면 당연히 공동체가 함께 행복해질 것이기 때문에, 문화예술교육은 우리가 살아가는 기본 단위로서의 공동체에 참여하는 과정이기도 하다.

우리나라에서 2000년대 중반 들어 새롭게 정의되고 확장된 문화예술교육은 우리 사회의 다양한 환경변화와 이슈와 관심들을 반영하면서 변모해 왔다. 예술이 인간 삶에 대해 질문하고 논의하는 것이라는 점에서, 문화예술교육이 삶과의 통합을 통해 존재한다는 점에서, 문화예술교육은 우리 삶의 변화와 함께 공진하고 있다.

문화예술교육의 변화를 견인하는 기술 변동과 펜데믹 위기

문화예술교육의 다양한 화두가 있지만, 무엇보다 중요한 화두 중의 하나는 기술과의 융합이다. 4차 산업혁명이라는 담론과 빠르게 변화하는 기술 환경이 우리의 삶을 변화시키고 있다는 점은 문화예술교육에서 변화하는 기술 환경을 적극 수용하고 다뤄야 한다는 필요성을 이끌고 있다.

최근 문화예술교육에서 우리가 논의하는 과학기술은 4차 산업혁명의 맥락에서 등장하는 기술들이다. 이 신기술들은 우리가 살아가며 체득해온 모든 경험을 아주 짧은 시간에 바꿔버리고 있다. 얼마 전까지만 해도 낯설고 먼 미래의 일처럼 느껴졌던 기술들은 잠깐 사이에 우리 일상과 문화로 들어와 있고, 우리는 인식하든 안하든 이미 그 안에서 살아가고 있다. 대학의 입학식과 가수의 공연을 메타버스에서 개최하고, NFT 기술을 기반으로 예술 투자를 한다. 인공지능이 연결된 사물들은 내 일상의 과정을 나의 습관에 맞춰 조정한다. 이러한 환경에서 사람과 기술, 사물, 데이터는 이전과는 다른 방법으로, 다양한 루트로 연결되고 융합되며 삶을 재구조화 한다. 뿐만 아니라 우리가 소통하고 사유하는 과정의 변화, 그에 따른 신체적 변화를 이끌고 있다.

여기에 가공할 만한 펜데믹은 새로운 기술이 우리 삶에 정착하는 속도를 더욱 가속화하였다. 이젠 언급하는 것이 식상할 정도인 코로나 19로 인한 펜데믹은 우리가 살아가는 방법을 완전히 바꾸었다. 인간이 서로를 오염시킬 수 있는 존재로 인식하고, 일상적 활동을 위험요소가 내재된 행동으로 보게 한 펜데믹은 불안과 위기, 혐오를 일상화시켰다. 안전을 위한 강제적인 비대면 문화를 위해 온라인과 비대면 기술이 빠르게 도입되었고, 어느새 이들은 익숙하고 당연한 삶의 방편이 되고 있다.

문화예술교육에서 기술을 다뤄야 하는 필요성

그렇다면 왜 문화예술교육은 기술 변화를 주요 화두로 다루고 있을까? 기술변동과 펜데믹이라는 삶의 조건에서 문화예술교육은 무엇을 마주하고 있을까? 어떤 요구와 가능성 앞에 있는가?

삶의 문제 전반을 다루는 문화예술교육이 기술로 인한 삶의 변화와 변동을 다뤄야 하는 것은 당연한 일일 것이다. 하지만 거기 그치는 것이 아니라 문화예술교육은 변화의 파장 속에서 질문을 제시하고, 전환의 방법, 생각하고 살아가는 방법과 가능성을 모색하고 새롭게 제시해 줄 수 있다는 점에서 중요하다. 예술이 교육을 통해 우리에게 전해주는 가능성을 몇 가지 들어 보자.

무엇보다 예술은 우리의 감각의 문제를 다룬다. 평소에는 있는지도 의식하지 못하는 다양한 감각을 재인식하게 하고, 환기해준다. 예술을 통해 맞닥뜨리는, "아, 그랬지!", "아, 이런 건가?"와 같은 감각과 환기의 순간들은 당연한 것처럼 받아들이는 일상을 당연치 않은 것으로 전환하면서 그 안에서의 질문을 만들어 낸다. 특히 기술이 변화할 때 우리의 감각과 사고회로가 어떻게 변화하는지를 환기함으로써 우리가 미래를 위해 숙고해야 하는 지점을 드러낸다. 예를 들어 최근 등장하고 사용해야 하는 일상의 미디어들은 상당히 시각 중심적이다. 다른 감각을 사용할 때조차 시각이라는 통로를 통한다. 이러한 환경은 우리 뇌의 변화를 가져오는데, 예술은 감각 실험을 통해 우리 환경을 재고하기도 한다.

나아가 예술교육은 기술변동과 위기의 시대가 요구하는 지식과 교육의 개념 변화에 대응하는 대안교육이라는 점에서도 중요하다. 새로운 기술 사회의 지식은 이전과 같이 지식 자체를 가르쳐야 하는 것이 아닌 지식과 정보를 어떻게 구성할 것인가에 초점이 맞춰져 있다. 기술 사회에서 지식 구성에 대한 변화된 관점에서 볼 때 이제 우리에게 필요한 것은 지식과 정보를 습득하는 것이 아니라 그 지식과 정보를 다룰 수 있는 역량이 중요하다는 것이다.

인터넷이 확장된 후로 우리는 세상의 수많은 지식과 정보에 도달할 수 있게 되었고, 그 결과 지식과 정보가 확실한 것이 아니며 새로운 발굴에 의한 연속적인 전복의 과정에 놓여있는 것이라는 것을 알게 되었다. 새로운 정보가 나오면 곧이어 그 정보를 뒤엎는 새로운 정보가 끝없이 등장하고 그 수많은 정보 속에서 종국엔 무엇이 정말인지 혹은 무엇이 우리가 알아야 할 것인지 알 수 없는 혼동에 빠지게 된다. 그 뿐인가. 지식과 정보는 언제나 평등하지 않았다. 그것을 자신의 이익을 위해 활용하려는 힘들이 쟁투하는 과정에 놓여 있다. 이런 상황에서 우리가 진짜 배워야 할 것은 지식과 정보가 아니라, 그 지식과 정보가 생성되고 소비되는 과정과 방식을 이해하고, 스스로 판단하고 선택하여 재구성할 수 있는 창의적 역량인 것이다.

그런데 예술은 바로 그런 태도, 지식 구성의 관점을 전복하고 그 지식구성 자체에 대해 질문한다. 쏟아지는 지식과 정보, 변화와 위기 속에서 새로운 시각으로 보려 노력하고, 새로운 질문과 문제를 발견하며, 자신만의 다른 해법을 고민하고, 실천을 통해 확인하고, 다시 환류하는 예술적 과정은 불확실한 세계를 살아가는 우리에게 스스로 지식과 정보를 구성할 수 있는 역량을 길러준다. 특히 정답이 없는 예술적 과정은 자신에 대한 믿음과 서로에 대한 존중에 기반한 과정이라는 점에서 특별하다.

여기에 예술이 가진 개방적 태도와 성찰적 성격은 삶의 변화에 대처하는 태도이자 방법을 제공해 줌으로써 우리의 힘이 되어 준다. 예술은 편견없이 바라보고 기존의 규정이 아닌 방법으로 접근하며, 주어진 기술, 변화, 환경에 대해 숙고하고 실험해 볼 수 있는 도구이자 장이 된다. 예술 교육의 장에서 우리는 보다 열린 태도로 보다 쉽게 접근하고 모색하면서 이것이 나에게 우리 사회에게 어떤 존재일 것인지 실험하는 기회를 제공해준다는 점에서 유용하다. 또한 예술이라는 도구를 통해 그 질문과 성찰을 다시 기술 사회로 환원한다.

마지막으로 예술이 가진 회복의 힘은 새롭고 낯선 기술 환경과 그에 대한 두려움, 불확실함과 위기 속에서도 좌절하지 않고 스스로 힘을 길러 대응할 수 있게 해준다는 점에서 중요하다. 예측 불가능한 위기 속에서 기꺼이 위기와 직면하는 용기는 스스로에 대한 믿음, 회복에 대한 믿음이며, 이 회복탄력성은 무엇보다 예술을 통해 기를 수 있다. 이러한 힘은 변화 속에서 예술이 사회통합의 능동적 행위자로 기능할 수 있음을 알려주며, 혼란과 불확실성에서 안내자가 되어 줄 수 있음을 의미하는 것이기에 중요하다.

기술을 마주하는 문화예술교육의 활용법

그렇다면 문화예술교육은 과학기술과 어떻게 만날까? 과학기술과 예술이 문화예술교육에서 만날 때 우리는 융합 혹은 융복합이라는 단어를 사용한다. 국어사전에 의하면 융합이란 '다른 종류의 것이 녹아서 서로 구별이 없게 하나로 합하여 지거나 그렇게 만듦 또는 그런 일'을 의미한다. 이 말에는 서로 다른 것들이 만나고 녹고 스며드는 과정이 포함되며 이 과정에서 새로운 시너지가 발휘될 수 있음을 의미한다. 그렇다면 과학기술과 문화예술은 교육의 장에서 어떻게 만나는가?

새로운 기술의 등장은 예술가와 예술교육자에게 여러 영감을 불러일으킨다. 예술가들은 새로운 기술이 어떤 도구인지, 우리 삶을 어떻게 변화시킬 것인지 고민하고 실험하고 성찰하고자 한다. 물론 이러한 태도는 기술적 변화에만 적용되는 것은 아니다. 우리 자신과 사회에서 일어나는 변화를 깊이 보고 민감하게 반응하는 것이 예술이니까 말이다. 4차 산업혁명의 과정을 이끄는 새로운 기술혁명이 문화예술교육에 접목되거나 융합될 때, 융복합하는 과정에는 여러 주체와 방법, 주제가 담겨 있고, 각각의 접근과 실천을 구분하여 바라볼 필요가 있다. 문화예술교육에서 새로운 기술을 다룰 때 예술교육자들의 접근은 2가지 차원으로 나눠 생각해볼 수 있다.

첫째, 예술교육자들은 기술을 표현의 도구로 사용한다. 새로운 도구의 혁신성을 예술교육에 접목하는 것이다. 새로운 도구의 등장과 사용은 다양성의 즐거움과 실험성을 갖는다. 사실 예술은 언제나 새로운 도구와 기술을 적극 활용하면서 실험해 왔다. 인상파 화가가 활동하던 19세기에는 처음 등장한 유화가 전통적인 염료를 대체하였고, 빛을 담은 밝고 화려한 색감은 인상파 회화의 특징이 되기도 하였다. 물론 안타깝게도 석유계 염료였던 유화물감이 시간이 지나며 검게 변하는 예상치 못한 일이 일어나기도 한다. 하지만 예술가들은 끊임없이 새로운 것들을 실험하면서 예술 표현의 영역을 확장해 왔다. VR, AR, XR, 메타버스 등의 실감미디어와 키네틱연동제어 기술, 인터랙티브 미디어와 인공지능, 로봇, 최근의 NFT 기술까지, 최근의 새로운 기술들은 다양한 과정과 협업을 통해 예술교육에 적용되고 있다. 특히 새로운 세대에게 익숙해지고 있는 미디어와 도구로 자신을 표현하고 세상을 탐색하는 프로그램들이 등장하고 있다.

새로운 도구는 참여자들로 하여금 새로운 세상을 만나는 방법이기도 하고, 새로운 기술을 자신의 표현 도구로 획득하는 과정이기도 하다. 같은 이야기라도 다른 도구를 사용할 때 어떻게 달라지는지 확인하고 무엇이 더 나의 이야기를 잘 표현할 것인지 실험하는 과정은 그 자체로 새로운 세계에 대한 탐험이다. 또한 사람마다 다른 표현 역량의 다양성을 획득하는 과정이기도 하다. 이렇게 기술이 제시하는 예술 표현도구의 확장은 표현 언어의 획득이고 인간의 표현과 소통의 문을 확장해주는 것이다. 뿐만 아니라 새로운 테크놀로지에 대한 감수성을 자연스럽게 형성해가는 수단이기도 하다.

둘째, 문화예술교육에서 기술을 다룰 때의 또 한 가지 접근법은 기술이 우리 삶과 몸, 태도, 인식을 어떻게 변화시키는지에 대한 고찰로 다루는 경우이다. 즉, 새로운 기술이 인간에게 미칠 영향을 성찰하는 것이자, 어떤 기술이 등장했을 때 그것이 우리 몸과 태도, 생각하는 방식을 어떻게 변화시키는지, 우리가 무엇을 숙고해야 하는지 질문을 던지는 것이다.

새로운 과학기술이 우리 삶에 적용될 때 그것이 무엇을 의미하는지 바로 이해하는 것은 쉽지 않다. 모든 지식과 기술은 스스로의 작동원리를 효과적으로 감춤으로써 작동하기 때문이다. 또한 기술은 어떻게 인식하고 사용하는가에 대해 언제나 양면성을 가지고 있다. 이 양면성에 대한 인식과 성찰은 계속되는 기술 문명 발전에서 지구의 지속가능성을 담보하는 중요한 문제이다.

기술은 인간의 감각과 영역을 확장하고 보다 다양한 존재와 평등한 관계 맺기를 가능하게 하는 순기능을 갖는다. 우리가 알지 못했던 것들을 드러내고 알려주고 재정의하게 해준다. 인간만이 세계의 중심으로 보는 편협함을 버리고 보다 많은 존재에 대한 이해와 소통을 확장해 준다. 예를 들어 한 작가는 식물에 센서를 부착하였는데, 식물이 빛에 반응할 때의 변화를 센서를 통해 가시화해준다. 이 기술은 우리로 하여금 식물은 단순한 사물이 아닌 생명이자 존재로 느끼게 해준다. 이때 기술은 우리의 감각과 인식의 한계를 확장해주는 것이다.

하지만 긍정적인 부분만 있는 것이 아니다. 한편으론 과학기술이 인간에 대한 통제력을 강화하기도 한다. 디지털 체제 안에서 우리의 일거수 일투족이 기록되고 추적되면서 내가 하는 모든 생각과 행동이 데이터로 전환되고 누군가에 의해 읽혀지거나 조작될 수 있는 것이다. 예술은 이러한 부작용에 대해 예술실천을 통해 성찰한다. 최근의 데이터 미학은 기술이 우리 삶에 미친 보이지 않는 영향을 시각화하여 제시함으로써 비가시화된 영향력을 가시화한다. 이처럼 예술은 기술을 숙고한다.

문화예술교육 학습방법의 변화

새로운 기술이 표현과 성찰의 도구로 문화예술교육에서 중요하게 다뤄지면서, 단순히 기기와 기술만 적용되는 것이 아니라, 교육의 방법에도 변화를 가져오고 있다.

새로운 기술을 기술 자체로 매번 배우는 것이 아닌 기술을 자신의 삶에 활

용하고 삶의 과정에서 성찰하는 것이기 때문에, 또한 기술과 사회의 변화
가 빠르고 지구적 위기를 예측할 수 없다는 점 때문에, 그래서 교육에 대한
개념이 바뀐다는 점 때문에 무엇보다 문화예술교육에 참여하는 참여자의
자기주도성과 자기 모색이 중요해지고 있다. 현실에서 질문을 찾고 그 질
문에 대한 답을 찾고 실천하는 전 과정을 기꺼이 즐겁게 참여하는 역량이
중요한 만큼 그에 걸맞은 교육방법을 적용하게 되는 것이다.

이런 과정에서 프로젝트 학습법이나 문제기반 학습법, 새로운 사고법으로
서의 디자인씽킹 등은 참여자가 스스로 기획하고 만들어 가는 교육과정으
로 적용된다. 더불어 배움을 넘어 언러닝(unlearning)이 강조된다. 주어진
길을 따라가는 것이 아니라, 해결방법을 교육하는 것이 아니라, 스스로 지
금까지와 다른 방법을 찾고 자신에게 맞는 해결법을 모색하는 언러닝의
개념은 기술 융합 문화예술교육에 있어 중요한 개념이자 교육 방법의 방
향을 제시한다.

미디어 환경의 변화가 눈에 띄는 변화이자 일상의 조건이 된 만큼, 변화
된 미디어를 적극 활용하는 교육방법도 대두된다. 한국문화예술교육진흥
원이 발간한 2020년 학교 융복합 문화예술교육 온라인 기초 연수 프로그
램 개발 연구에서 연구진은 카일리 페플러(Kylie Peppler)가 제시하는 관
심 기반 예술 학습법(Interested-Driven Art Education)을 소개하고 있다.
관심 기반 예술 학습법은 디지털 환경에서 예술 교육 참여자들이 스스로
동기부여를 받고 자유롭게 예술창작 활동을 이어가고 있다는 것에 주목하
여, 디지털 테크놀로지의 힘과 결합하는 예술 교육법을 제안하는 것이다.
이 학습법은 디지털 기술을 활용하고 대중매체를 참조하며 둘 이상의 예
술형태를 사용하는 간학문적 성격을 가진다. 페플러는 기술력, 비판력, 창
의력, 윤리실천력을 핵심 역량으로 하여 관심도에 따라 참여자 분류하고,
그에 맞는 6대 실천 과제를 제시하였다. 또한 기술 활용하기, 온라인 포트

폴리오 만들기, 소셜미디어를 적극적으로 활용하기 등의 방법을 통해 청소년의 관심에 기반한 예술학습이 이루어지도록 권장하고 있다. 이 학습법은 디지털 네이티브 세대가 디지털 기술과 기기를 활용하여 참여하고 소통하고 즐기는 것에 익숙하다는 점에서 그들의 미디어 환경을 적용한다는 점에서 유용하다.[●]

이 뿐만 아니라 문제 해결에 있어 게임의 접근 방식 및 사고 방식을 적용하여 몰입도를 향상시키는 방법으로서의 게이미피케이션(Gamification) 학습법은 게임에 익숙한 청소년과 청년 세대의 교육법으로 주목받고 있다. 게이미피케이션은 사용자의 적극적 참여를 유발하여 몰입도를 높여서 학습의 효과를 향상시킬 수 있으며, 학습 성과를 작지만 긍정적으로 높여준다.

융합의 치열하고 즐거운 과정

한편, 과학기술과 예술이 문화예술교육에서 만난다는 것은 두 상이한 지식체계이자 실행체계가 융합한다는 의미이기도 하다. 때문에 교육에서 융합은 녹록치 않은 과정에서 탄생한다. 그렇다면 두 체계는 실행 과정에서 어떤 방법으로 융합되는가?

기술 융복합 문화예술교육 프로그램처럼 전혀 다른 분야가 협력해야 하는 경우 서로의 관점과 언어를 이해하는데 많은 시간과 지난한 과정이 소요된다. 그러나 서로의 체계와 언어에 대한 이해가 없이는 표면적 결합에 그치기 때문에 융합의 과정은 매우 중요하다. 예를 들어 로봇을 문화예술교

● 카일리 페플러(2013). 디지털 시대에서 관심기반 학습의 새로운 기회. 미국 왈라스 재단, 전수환 외 (2020). 2020 학교 융복합 문화예술교육 온라인 기초 연수 프로그램 연구 개발. 한국문화예술교육진흥원, 20쪽에서 재인용.

육에 접목할 때 과학기술자가 로봇에 대해 정의하는 내용과 교육하고 싶은 목적과 방향, 관점은 예술가의 그것과 다를 것이다. 그렇다면 이 두 가지 목적과 관점, 방향을 어떻게 조율하고 융합할 것인가가 융복합 문화예술교육의 핵심이 될 것이다.

융합의 과정에서는 다양한 방식의 협업이 발생하고, 협업 과정에서 어려움과 갈등을 겪기도 한다. 어찌 보면 갈등은 당연할 수 있으나 이 간극을 발견하고 인정하고 조정하면서 조력해 나가는 과정이 매우 중요할 것이다. 간혹 융합의 지점을 찾지 못한 경우 기술은 기술대로 예술은 예술대로 나누어 적용되는 경우도 발생한다. 하지만 융합은 단순한 더하기가 아닌 삶으로 녹여내는 것이라는 점에서 융합이라 하기 어려울 것이다. 융복합 문화예술교육은 단순히 전문영역 혹은 사람 간의 협력이 아닌 관점, 지식, 방법, 사람의 다각적인 차원에서 융합과 협력이 일어나는 복합적 과정이다. 그리고 이러한 과정에서 시너지가 발생할 때 협력의 즐거움이 배가된다.

서로 다른 분야의 융합 방법

문화예술교육 활동에서 예술과 기술의 융합을 추진하는 방법에는 여러 가지가 있을 것이다.

첫째, 양측의 전문가가 만나 논의를 통해 공동의 목표와 관점, 방법을 설계해나가는 것이다. 이 방법은 보다 원천적으로 두 분야가 문화예술교육에서 삶의 어떤 부분을 다루고 어떤 목표를 성취할 것인지 많은 논의를 통해 설계해 나가는 것이다. 교육의 준비 과정에서 언어와 관점의 차이를 분명하게 인식하고 그 차이가 어떤 새로운 일을 만들어 낼 수 있는지 탐색하는, 마치 정글을 탐험하는 것과 같다. 당연히 그 차이로 인해 시간이 많이 걸리고 어렵다. 여기서 예술가는 기술언어를 예술의 과정으로 치환하는, 기술

언어의 번역자가 된다.

둘째. 기술 전문가와 예술가가 만나기보다 특정 기술을 자신의 작업에 사용하는 예술가와 예술교육자가 작업하는 것이다. 예술가는 자신의 작품을 만들 때 긴 고민과 치밀한 학습을 통해 완성한다. 때문에 앞서 말한, 새로운 기술이 작품에서 표현의 도구이자 성찰로 사용된다. 이미 긴 숙고를 통해 기술의 다양한 부분을 실험하고 자신 안에 융합한 예술가와 예술교육자의 협력은 보다 수월하게 프로그램으로 수렴될 수 있다. 다만 예술가 특유의 방법이 문화예술교육의 방법과 잘 조정되어야 하는 부분은 기억해야 한다.

셋째, 기술을 문화예술교육자가 배우거나 습득하여 진행하는 것이다. 기본적인 기술을 학습하고 배운 후 문화예술교육에 적용하되, 예술교육자가 해결할 수 없는 부분은 기술 전문가와 참여자가 직접 만날 수 있도록 하는 것이다. 이때 예술교육자는 문화예술교육 프로그램에서 왜 기술이 융합되어야 하는지 스스로 정확한 필요를 숙고해야 한다. 기술 전문가와의 준비 과정에서도 기술을 어떻게 정의하고 어떤 방향에서 사용하고 싶은지 다시 한 번 논의를 정리해 봄으로써 기술 전문가와의 협업의 관점도 더 명확해질 것이다. 또한 기술 전문가는 자신의 기술이 삶과 사람에 적용되는 과정을 이해할 수 있다. 이러한 방법에서는 주제와 교수법, 기획 설계가 면밀하게 이루어질 필요가 있다.

아이들이 직접 전문가들과 협업하는 크크마을 사례

꿈다락 토요문화학교 주말예술캠퍼스 사업의 일환으로 필자가 기획 진행한 '예술이 사는 크크마을의 키키광장' 프로그램은 초등 고학년 어린이들이 참여하여, 스스로 예술로 하고 싶은 프로젝트를 만들고, 마을 사람들과 광장에서 나누고 싶은 예술작품과 환경을 만들어 가는 프로젝트형 프로그램이다. 프로젝트형인 만큼 예술가로서 마을의 삶을 기획하기 위해 다양한 예술을 체험하고, 다양한 감각을 사용하면서 아이들 스스로 예술 프로젝트의 방향을 잡아나간다.

프로그램 전반을 참여자인 어린이들이 기획, 주도하기 때문에 전체 과정에서 참여자 간의 소통과 대화, 합의의 과정이 매우 중요하며, 그 과정에서 서로에 대한 신뢰와 함께 구축한 가치에 대한 자부심이 고양되는 것을 볼 수 있었다. 또한 프로그램에서 기획자와 예술강사들은 가르치는 사람이 아니라 아이들의 생각을 함께 따라가면서 조력자가 되기도 하고, 안내자가 되기도 하고, 생각과 방법을 확장할 수 있도록 정보 제안자가 되기도 하였다.

이 프로그램에서는 아이들이 프로젝트를 기획하면서 필요한 기술을 직접 찾고 배워가면서 프로젝트를 실현해 가도록 설계하였다. 마을 사람들이 광장을 오갈 때 누릴 수 있는 예술작품을 만드는 과정에서 아이들은 다양한 아이디어를 모으고 그에 대해 토론하면서 공동의 합의들을 모으고 구현 방법을 찾았다. 이 때 아이들이나 사업을 주관하는 기획자나 주강사들이 해결할 수 없는 기술적으로 어려운 부분을 구현하고 싶어 하는 경우에 직접 관련 전문가와 만날 수 있도록 설계하였다.

예를 들어 광장에 매일 마을 사람들의 감정과 기분을 보여줄 인터랙티브한 장치를 제작 설치하고 싶어 했는데, 먼저 강사와 팀원들과 함께 이 경우에 필요한 지식과 방법을 인터넷으로 찾아보았다. 사람들의 감정과 기분을 반영할 센서와 센서로 수집되는 데이터를 가시화할 장치가 필요했고, 그 둘을 잇기 위한 코딩이 필요하였다. 예술강사들이 돕기에 한계가 있었기 때문에 아이들의 요구를 듣고 가능한 방법을 안내하거나 제작해 줄 전문가를 찾아 직접 아이들과 회의 시간을 마련하였다.

아이들은 전자공학 전문가의 이야기를 경청하면서 아이디어를 구현하는
데 놓여진 가능성과 한계를 논의하였고, 복잡한 기술적 제작은 부분적으
로 기술자에게 의뢰하였다. 신기하게도 아이들은 전문가와 충분히 깊이있
는 논의를 해나갔고, 어느 때보다 몰입하는 모습을 보여주었다. 그리고 이
과정에서 아이들은 전문가와 협업하는 경험뿐만 아니라 스스로의 작업에
대한 자부심, 자신에 대한 자신감도 얻을 수 있었다. 여기서 예술은 기술을
대하는 태도이자 성찰로서 그 융합의 가능성을 확장해주었다.

융합 문화예술교육 개발 과정에서 전혀 다른 분야의 전문가가 항상 개발
의 과정을 함께 진행해야 하는 것은 아니다. 이렇게 예술교육자가 새로운
기술이나 이슈에 대해 배우고 익힌 후 프로그램을 개발하는 방법은 참여
자에게 더 설득력있게 다가가는 프로그램이 될 수 있다. 다만 설익은 접목
이 되지 않기 위해서는 열린 자세로 다양한 사람들과 분야에 귀를 기울이
고 다양한 단계에서 적극적으로 이야기를 나누는 것은 중요하다. 또한 융
합과 협력의 여러 단계를 면밀히 설계하는 것 또한 중요하다. 융합이 예술
교육자의 학습단계 혹은 프로그램 기획 단계, 프로그램 실행 단계, 평가 단
계 등 어떤 단계에서 어떻게 일어날 것인가 설계해야 한다는 것이다.

글을 마치며

서두에 이야기한 것처럼 기술 융복합 문화예술교육은 하나의 화두로 다양
한 현장과 연구를 생성하고 있다. 사회 변화가 빠른 만큼 정책적 차원에서
도 무게감있게 다뤄지고 있다. 예를 들어 한국문화예술교육진흥원이 주최
하는 '아트드림랩 4.0'이나 '창의예술교육랩' 사업 등은 빠른 기술 변화에
대응하는 실험적 교육 사업의 일환이다. 창의예술교육랩 사업의 경우 기술
변동 시대에 대응하는 새로운 패러다임의 문화예술교육 사업을 추구한다.

기존처럼 교육 프로그램이 중심이 되는 것이 아닌, 사람과 필요와 생각이 모이는 장인 랩을 구축하고, 그 곳에서 예술을 중심으로 실험과 융합을 거듭하면서 지역의 차별화된 문화예술교육을 구축해가는 것을 지향한다. 그럼으로써 예술가와 삶의 언어를 회복하고, 전환과 포용과 혁신이라는 예술의 태도를 회복하는 것이다. 이러한 정책 사업의 패러다임 전환이 반가운 것은 기술을 프로그램의 도구로 보거나 문화예술교육을 프로그램 자체로 동일시하는 것이 아닌 삶의 확장된 관점에서 통합적으로 바라본다는 점에 있다. 또한 예술의 혁신성을 믿는다는 점에 있다.

기술은 우리에게 위험과 위기를 넘는 파트너가 되어 준다. 우리는 코로나라는 유례없는 위기 속에서 기술을 통해 그 파고를 넘어 왔다. 또한 예술은 기술을 만나 위기를 해석하고 실험하며 인간다운 모색을 이어왔다. 예술과 기술은 인간이 나약함을 넘어 연대를 지속하는 힘이 되어준다. 언제나 인간에 대한 믿음과 창의적 협력을 포기하지 않고 더 나은 방법을 모색할 수 있는 힘이 되어 준다. 문화예술교육이 그 힘을 이어가는 장으로서, 예술과 예술가의 태도와 방법으로 기술을 즐겁게 유영하고 성찰하는 과정을 지켜가기 위한 고군분투를 지속할 수 있어야 하는 이유이기도 하다.

예술과 기술의 융합 :
동시대 문화예술교육의
민주주의적 가치

손경환

—

한국예술종합학교 융합예술센터 아트콜라이더랩

국민대학교에서 회화를 전공했다. 대학원 시절 그림에 푹 빠져 있었음에도 불구하고 하루의 대부분을 컴퓨터를 보면서
지내는 자신을 발견하고 어떻게 하면 디지털을 회화에 녹일 수 있을지 고민했으나 아직도 해결하지 못하고 있다.
미디어에 대한 왕성한 호기심과 실험 욕구 덕분에 지인들과 프로젝트팀을 만들어 매번 미끄러질 만한 실험만 골라서
하다 보니 가상과 실재, 인간이 인식할 수 있는 영역과 그 외부 사이의 경계에서 다양한 분야와의 연결을 바탕으로
새롭게 보기를 시도하겠다는 목표가 생겼다.
현재 한국예술종합학교 융합예술센터 아트콜라이더랩에서 예술과 기술(Art & Tech), 협업 바탕의 융합예술 파운데이션
교육 프로그램 <팀러닝>을 기획/운영하고 있으며, 이를 통해 예술학교에 걸맞은 융합형 교육 방법론의
실질적인 실행/구성 방안과 평가 방안을 연구/개발하고 있다.

문화예술교육의 새로운 영역

최근 10년 사이 4차 산업혁명이라는 화두와 함께 예술과 기술의 융합을 위시한 문화예술교육 프로그램들이 실행되고 있다. 피지컬 컴퓨팅(physical computing), 3D 프린팅(3D printing) 등 오픈소스 디지털 제조를 주로 다루는 메이커(maker) 기반의 교육에서 부터 근래에는 가상현실(VR, virtual reality), 증강현실(AR, augmented reality), 혼합현실(MR, mixed reality), 게임(game)을 기반으로 메타버스(metaverse)를 다루는 교육, 오픈소스 소프트웨어 기반의 인터랙티브 무대 기술 활용 교육, 인공지능(A.I, artificial intelligence), 로봇(robot)을 활용하는 창의융합형 교육 등을 예로 들 수 있다. 이러한 문화예술교육이 가능하게된 배경에 디지털 창작 문화의 확산, 즉 컴퓨터가 창작의 도구로 공고히 자리잡음과 함께 문화예술교육이 예술교육의 기능주의적 접근에서 벗어나 통합적 교육을 추구하고 있기 때문일 것이다. 하지만 현장에서 실행되는 '기술 융합형 문화예술교육'의 내용을 접해보면 교육 대상에게 너무 높은 기술적 리터러시(literacy)를 요구하거나 단순한 콘텐츠 체험형으로 마무리되는 경우를 종종 목격하게 될 때가 있다. 요컨대, 문화예술교육은 예술과 기술의 융합을 통해 새로운 영역으로 확장해 나가고 있으나 아직 이 새로운 영역의 교육에 있어 기능주의적 접근을 벗어나지 못하고 있는 것처럼 보인다는 것이다. 물론 미디어와 기술을 다루는 데 있어 문해력, 사용자 인터페이스(UI) 등의 교육은 중요한 요소이다. 하지만 문화예술교육의 목적이 수혜자로 하여금 '더 나은 삶을 삶을 살게 하는 것'에 있다면 읽고 쓰는 능력, 기능에 대한 교육을 넘어 상향적인 문화예술교육과 지속가능한 토대를 어떻게 만들수 있을지 고민해야 할 것이다.

필자는 이 글에서 어쩌면 모두 알고 있을 만한 내용인 문화 민주주의, 기술 민주주의를 다시 한 번 환기시키고자 하며, 필자가 몸담고 있는 한국예술종합학교 융합예술센터 아트콜라이더랩의 예술과 기술 융합형 파운데이션 교육 프로그램 <팀러닝>의 사례를 통해 이 고민을 논의하고자 한다.

문화 민주주의와 기술 민주주의

문화 민주주의 : 지역 문화예술과 새로운 문화예술교육

문화 민주주의는 문화 민주화의 대안으로 제시되는 개념이다. 문화 민주화●가 이미 검증된 공연이나 전시의 티켓 할인, 세분화된 마케팅 전략, 찾아가는 문화행사 등을 통해 '국민의 문화예술 향유 확대'를 목적으로 '모든 사람을 위한 문화(culture for everybody)'를 추구한다면, 문화 민주주의●●는 문화의 다양성, 사회적 평등, 아마추어리즘(amateurism)을 바탕으로 '모두에게 열려있는 문화예술 참여 환경 조성'을 목적으로 '모든 사람에 의한 문화(culture by everybody)를 추구한다. 서순복(2007)은 "정책적으로 문화 민주주의의 전개를 주장하는 사람들은 문화 민주화가 엘리트주의적이라 비판하지만 사실 대립적인 가치라기 보다는 정책적 조합과 선택의 문제라 볼 수 있으며, 모든 종류의 문화예술은 문화 수용자들의 가치와 선호를 반영하는 한 고급문화이든 대중문화이든 동등한 가치가 있음을 강조한다."●●●

● 문화 민주화 : 고급문화(high culture)에 해당하는 오페라, 발레, 연극, 클래식 음악 등의 협의적 개념의 예술, 즉 기존의 비평가나 학자, 예술가들에게 이미 인정받고 있는 전통적인 형식의 고급예술에 대한 대중의 접근성을 높이고자 하는 문화정책이다. 고급예술이 주로 생산 소비되는 기존의 대형 예술기관을 그 중심으로 삼으며, 관객보다는 예술가, 그리고 아마추어 예술가보다는 전문 예술가를 중심으로 이루어진다. 또한, 예술작품을 생산하는 과정보다는 예술작품 그 자체에 중심을 둔다. - 한승준, 『문화 민주주의와 프랑스의 문화예술 지원정책』, 프랑스문화예술연구, 2017, pp. 319~320.

●● 문화 민주주의 : 미에 대한 주관성과 문화의 다양성을 강조한다. 즉 사회에는 다양한 문화가 존재하며, 문화정책의 목표는 지방이나 여러 인구집단의 다양한 하위 문화에게 비옥한 토양을 제공하는 데 있다는 것이다. '문화 민주주의'는 공연장에서 이루어지지 않는 문화예술 활동과 비전문가들이 수행하는 문화예술 활동을 중요시한다. 예술의 질보다는 정치적, 성적, 민족적, 사회적 형평성 등을 우선적으로 고려하며, 예술작업에 있어서도 아마추어와 전문가 사이의 명확한 경계를 인정하지 않으면서 예술 참여와 경험의 중요성을 강조한다. - 위의 글, p. 321.

●●● 서순복, 『문화의 민주화와 문화 민주주의의 정책적 함의』, 한국지방자치연구, 2007, p. 32.

우리나라는 2014년 '지역문화진흥법'을 제정·공포하여 '지역 간 문화 격차 해소', '지역주민 문화생활 향상', '지역경쟁력 제고'를 목표로 문화 민주주의 실현의 발판 마련과 함께 각 지역문화재단, 기초문화재단 설립을 촉진했다. 지역문화재단은 지역 문화예술 현장의 구성원이라 할 수 있는 지역 예술인, 시민과의 소통을 통해 지지 기반과 협력관계를 형성하여 지역이 가진 다양한 사회문제를 적극적으로 해결해 나갈 때 비로소 문화 민주주의 실현에 한 걸음 다가갈 수 있을 것이다.

이러한 의미에서 정치, 사회, 경제는 물론이거니와 4차 산업혁명 시대라는 상황, 예술과 기술의 융합과 같은 동시대 문화예술과 관련된 이슈를 어떻게 지역과 연결하여 공감대를 형성할 것인지는 큰 고민거리가 아닐 수 없다. 그렇다면 우리가 눈여겨봐야 할 지역 중심의 문화예술교육 실행 사례는 무엇이 있을까. 필자는 한국문화예술교육진흥원의 사회문화예술교육 사업 중 '창의예술교육 랩 지원사업'을 예로 들고자 한다. 한국문화예술교육진흥원의 창의예술교육 랩 지원사업(이하 창의랩)은 4차 산업혁명 등 빠르게 변화하는 동시대 환경에 따른 새로운 형태의 미래 지향적 문화예술교육의 필요와 지역 문화예술교육의 인프라와 생태계 구축을 위해 2019년부터 시작된 사업이다. 2020년 이후 창의랩 사업의 주요 의제는 총 네 가지인데 '지역 주도', '융복합, 탈장르', '연구/개발', '다양한 실험과 시도'이다.● 필자가 보는 이 사업의 가장 매력적인 부분은 지역문화재단이 주체가 되어 콘텐츠 개발, 사업 구조의 설계, 연구/개발, 지역 내 확산, 지속가능성 등의 전 과정을 직접 설계한다는 것과 이를 위해 지역 예술가, 교육자, 과학자 등 다양한 전문가들이 참여하는 랩을 운영하여 새로운 문화예술교육 프로그램을 개발하는 데 있다. 현혜연(2020)은 창의랩의 지향점을 '역동성'이라 표현하며 "교육 프로그램이 고정되거나 불변하는 것은 없으며,

오직 지역 현장에서 만들어져 가는 과정이라는 점에서 지역마다 서로 다른 과정을 설계하고 실천해야 할 것과 함께 다른 사업과의 차별성, 어떤 점을 혁신하고 있는지를 질문하는 것의 중요성을 강조한다."●

이렇게 상향식 구조를 가진 창의랩 사업에 참여한 지역문화재단의 랩들이 만들어낸 문화예술교육 콘텐츠는 지역의 인프라를 바탕으로 다양한 기술을 활용한 새로운 문화예술교육을 실험하고 있다는 점에서 개인적으로 상당히 흥미롭고 배울 점도 많았다. 몇 가지 아쉬운 점을 뽑자면 연구/개발된 문화예술교육 프로그램의 대부분이 청소년을 대상으로 하고 있다는 것과 교육을 통해 전달하고자 하는 문화예술적 메시지보다 기술에 대한 경험이 우위가 되는 경우, 일회성 프로그램으로 그치는 경우가 있다는 것이다.

필자는 기술 융합형 문화예술교육의 미래에 참여자 스스로 지역의 문제를 발굴하고 현실적으로 사용 가능한 기술을 활용하여 문화예술적 해결방안을 제시함으로써 자생하는 지역문화를 만들고, 공유하며, 지속가능성을 고민하는 데 있다고 생각한다. 이를 위해서는 교육 대상의 확대, 교육 프로그램의 다각화와 지속적인 수정/보완, 아마추어의 주체적 참여 확대, 지역 커뮤니티의 활성화를 통한 공감대 형성이 필요할 것이다. 기술 융합형 문화예술교육의 혁신은 상향식(bottom-up) 문화 형성을 통해 문화 민주주의를 실현하는 데 있지 않을까.

흥미롭게도 이러한 사례는 기술적 혁신과 함께 시작된 메이커 운동(maker movement) 등에서 찾아볼 수 있다. 그렇다면 우리는 여기에서 무엇을 배우고, 무엇을 바꿔나가야 할까? 다음 절에서 메이커(maker)를 중심으로 아마추어리즘, 공유의 중요성, 지속적인 학습과 지식의 확장, 사회 혁신 등을 통해 기술 민주주의를 다루면서 이 문제를 이어가 보고자 한다.

● 한국문화예술교육진흥원, 『2020 창의예술교육 랩 지원사업 성과 사례집 - 함께 발상하고 실행하기 한 뼘 더 성장하기』, 한국문화예술교육진흥원, 2020, pp. 50 - 53.

2) 기술 민주의 : 메이커, 아마추어에서 주체적인 시민으로

과학기술이 만들어낸 기계 장치들이 우리 삶과 환경에 밀접하게 연관되어 있다는 것은 현대인이라면 누구도 부정하지는 않을 것이다. 우리는 다양한 기계 장치를 통해 수집된 정보의 해석을 통해 우리가 사는 세계를 이해해 나간다. 우리가 정신적, 신체적으로 얼마만큼 기계 장치와 연관되어 있는지는 정전 때문에 컴퓨터, 인터넷, 스마트폰을 사용할 수 없을 때를 상상해 본다면 이해가 빠를 것이다. 약간의 농담과 비약을 더 해서 말하자면 우리는 이미 '사이보그(cyborg)'인 것이다.

우리가 확장된 신체의 개념으로 기계 장치를 인식하고 있다고 해도 전문가가 아니고서야 실상 그 내부가 무엇으로 구성되어 있는지, 어떤 알고리즘(algorithm)으로 작동하고 있는지 잘 알지 못한다. 흥미롭게도 소위 블랙박스(black box)● 라 표현되는 과학기술의 알 수 없는 부분은 그 기계가 고장 나, 자가 수리를 시도하면서 이해하게 되는 경우가 종종 있다(물론 자가 수리에 성공해도 왜 작동되는지 모를 때도 있다). 다시 말해 보통 기계가 고장 나면 서비스 센터에 방문하거나 수리 기사에게 방문을 요청하는 것이 좋겠지만 이도 저도 선택할 수 없고 지금 당장 이 불편을 해결하고자 하는 마음에 자가 수리를 결심하게 될 때, 비로소 우리는 과학기술의 블랙박스에 한 걸음 접근하기 시작한다는 것이다.

무엇이든 좋으니 자가 수리 과정을 떠올려보자. 우선 인터넷 포털사이트에서 현재 겪고 있는 문제(에러 번호) 또는 증상을 기계의 제품명과 함께 검색한다. 검색에서 나오는 것 중 비슷한 문제의 해결 사례를 찾기도 하고, 기계를 만든 회사가 제시하는 증상별 조치 방법에 대해 알아보기도 한다. 한글로 검색해서 유효한 답변이 나오지 않는다면 영어로 검색해보기도 한다. 이것저것 정보를 습득하고 나면 현재 봉착한 문제와 가상 비슷한 몇 기

● 과학, 컴퓨팅, 공학 분야에서 블랙박스는 내부에 대한 이해 없이 입력과 출력의 측면에서만 볼 수 있는 시스템을 뜻한다. - https://en.wikipedia.org/wiki/Black_box

지 사례의 해결 방법을 종합한다. 그중 가장 신빙성 있어 보이는 것 선택해 절차를 따라 해본다. 안 되면 절차상 빼먹은 것이 없는지 확인해본다. 그래도 안 되면 다른 해결 방법과 조합해서 시도해 본다. 그래도 안 되면 내가 무엇을 잘못하고 있는지 되짚어 본다. 그래도 안 되면 다른 방법으로, 그래도 안 되면 또 다른 방법으로….

우리는 인터넷을 통해 지구상에서 나와 비슷한 문제를 겪고 있는 얼굴도 알지 못하는 누군가의 경험과 의견을 접하고 이를 자신의 경험으로 만들어가는 과정에서 지식 공유와 소통의 장에 들어서게 된다. 때로는 자신의 의견을 개진하면서 새로운 이슈를, 고마움을, 분노를, 좀 더 나은 해결 방법을 얘기하게 되기도 한다. 이제, 자가 수리를 시도했던 한 개인은 인터넷 기반의 공유 문화 안에서 해당 기계에 대한 아주 작은 문제에 대한 전문가로 다시 태어나고 과학기술의 블랙박스를 아주 조금 해체하기 시작한다. 이 과정이 반복되어 쌓인 경험은 개인의 삶을 살아가기 위한 지식의 확장으로 작용하며, 종종 스스로 필요한 것을 만들어 '더 나은 삶'을 추구하기도 한다. 이렇게 '호기심 해결', '만들기의 즐거움'이라는 아마추어적 접근에서 시작해 '사회 문제 해결'로, 더 나아가 '이윤 추구'로, '비판적 창작'으로 확장해가는 사람들을 우리는 흔히 '메이커(maker)'라 부른다.

메이커 개개인이 추구하는 지향점은 다양하지만, 필자가 주목하고 있는 점은 아마추어에서 시작해서 '어떻게 커뮤니티를 형성하고, 지식을 공유하며, 학습하고 있는가?'와 '사회적 관계나 삶의 방식을 어떻게 변화시키고 있는가?'에 있다. 커뮤니티 형성과 지식 공유에 있어 인터넷은 중요한 역할을 한다. 인터넷을 통한 정보 교류의 증가는 과거 '자기 스스로 필요한 물건을 제작하는 행위'를 의미했던 'DIY(Do It Yourself)'를 'DIT(Do It Together)'로 탈바꿈시켰다(앞선 자가 수리의 과정을 떠올려 보자). 이러한 사례는 메이커들이 자신의 창작물과 제작 과정 등을 공유하고 찾아보는 온라인 사이트인 인스트럭터블스(instructables.com)●에서 쉽게 확인할 수 있다. 공유 문화의 형성은 디지털 제작의 혁신과 함께 원하는 목적 또는 즉각적인 필요의 실현을 통해 더 나은 환경과 삶을 창출할 수 있는 민주주의적 방식의 탄생을 의미한다. 요컨대 누구도 '0'에서부터 시작할 필요가 없다는 것이다.

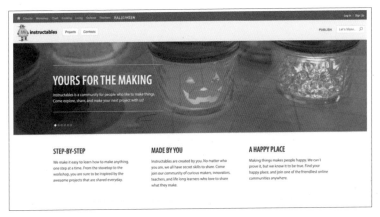

Instructables.com

만들기의 성공과 실패를 맛보고, 공유 문화를 통해 집단 지성에 참여하면서 '필요한 것을 사는 사람'보다는 '필요한 것을 만드는 사람'에 조금 가까워졌다면, 그 사람은 스스로 정보를 발견하고 자신의 지식을 확장하는 능동적인 학습자가 된다. 지속적인 학습(새로운 정보의 점검과 기존 정보의 수정)은 '아는 영역'을 확장하지만 '모른다는 것을 아는 영역' 또한 새롭게 발생시킨다. 모든 지식의 습득이 그러하듯 이 두 영역은 동시에 발생한다. '아는 영역'이 형성된 지식, 즉 스스로 설명 가능한 영역이라면 '모른다는 것을 아는 영역'은 앞으로 찾아야 할 것들이 있는 영역이기에 더욱 중요하다. 데이비드 랭(David Lang)은 자신의 저서 <제로 투 메이커>에서 오픈소스 전자제품 회사 스파크펀(SparkFun)의 대표이사 네이선 세들(Nathan

● instructables(http://www.instructables.com/)는 오토데스크사(Autodesk)에서 운영하는 메이크 공유 웹사이트이다. 2006년에 시작된 이 웹사이트는 총 7개 카테고리(circuits, workshop, craft, cooking, living, outside, teachers)로 운영 중이며 2018년 기준 약 28만 건의 게시물이 등록되어 있다. 인스트럭터블스의 다양한 카테고리는 메이킹이 디지털 제조 분야에만 국한되어 있지 않다는 것을 의미한다. 사용자는 자신의 창작물, 제작 과정, 제작 방법 등을 주체적으로 찾고, 공유하고, 교류한다.

Seidle)이 프레젠테이션에서 사용한 그래프를 인용하며 "원래 자신의 목표
가 '대충할 수 있을 정도'로만 배우는 것에 있는데 이는 더 좋은 질문을 하
는 방법과 해답을 찾을 수 있는 위치를 알아내는 것을 의미한다."●고 서술
한다. 짐작하겠지만 이 '대충할 수 있는 정도'의 획득은 향후 '아는 영역'으
로 편입되고 조금 더 확장된 '모른다는 것을 아는 영역'을 만든다. 지속적
인 학습은 투입된 시간에 비례해 리터러시(literacy), 즉 읽고, 식별하고, 쓰
는 능력을 형성하며, 과학기술의 블랙박스를 조금씩 해체하고 지식의 영역
을 확장해 간다(그럼에도 불구하고 '모른다는 것을 모르는 영역'은 여전히
광범위하게 존재한다).

필자는 이러한 주체적이고 능동적인 학습이 개인의 삶에 영향을 미친다는
점에서 시민 지식(lay knowledge)●●의 형성에 영향을 주며, 우리 사회를
둘러싼 다양한 문제에 대한 대안적 답변을 제시할 수 있는 토대가 되리라
생각한다. 이를 통해 기술 결정론●●●, 엘리트주의, 관료주의에서 벗어나
능동적이고 기민하게 반응하는 시민으로서 사회 참여가 가능해진다.

메이커가 '만드는 즐거움'에서 시작하지만 단지 취미로 하는 창작 또는 제
작 문화로 머물지는 않는다. 필자는 특히 시민이 주체적으로 '사회 혁신'이
란 목적성을 가지고 접근하는 경우에 주목하는 데 이러한 모델은 메이커
운동이 부상하기 전부터 리빙랩(living lab), 팹랩(fab lab)의 형태로 진행되
어 왔다.

●데이비드 랭(David Lang), 장재웅 역, 『제로 투 메이커』 한빛미디어, 2015, p. 70.

●●시민 지식이란 일반 시민들이 자기 삶의 영역에서의 경험과 성찰을 통해 얻게 되는 지식으로서 암묵적 지식의 형태로 축적되는 특성을 갖는데, 때로는 전문가 지식보다 문제해결에 더 큰 효과를 발휘할 수도 있다. - 이영희, 『과학기술, 민주주의를 만나다』 과학기술연구 13권 1호, 2013, p.221.

●●●기술 결정론이란 기술은 사회의 영향과는 상관없이 그 자체의 내적인 논리에 따라 진화하며, 이렇게 진화된 기술은 사회에 일방적으로 영향을 미치게 된다는 사고방식이다. - 이영희, 『과학기술과 민주주의: 시민참여를 중심으로』 2006, p.2.

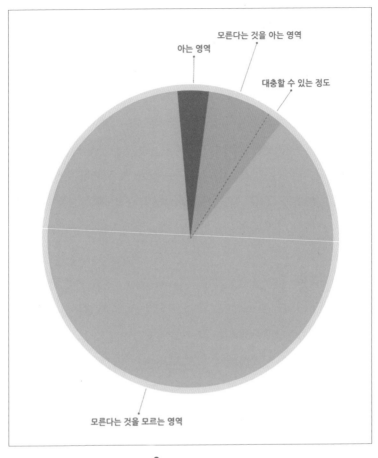

아는 영역

모른다는 것을 아는 영역

대충할 수 있는 정도

모른다는 것을 모르는 영역

네이선이 프레젠테이션에서 사용한 그래프 ●

근래에는 정부의 공공데이터●●개방으로 우리의 삶과 연관된 다양한 데이터(교통, 날씨, 주거, 환경, 에너지, 자원, 감염병 등)에 접근할 수 있게 되면서 데이터 기술을 기반으로 사회 혁신을 실천하고자 하는 '시민 해킹(civic

---

● 데이비드 랭(David Lang), 장재웅 역, 『제로 투 메이커』, 한빛미디어, 2015, p.70.

●● 공공데이터 개방의 목적은 중앙정부, 지방자치단체 및 공공기관이 보유, 관리하는 공공데이터를 일반 국민이 자유롭게 이용할 수 있도록 다양한 형태로 개방, 제공하고 새로운 데이터 가치를 창출하도록 지원하는 데 있다. 우리나라의 경우 2013년부터 공공데이터 포털(www.data.go.kr)을 구축하여 파일 데이터, 오픈 API 등 다양한 형태로 서비스 중이다. - https://www.mois.go.kr/frt/sub/a06/b02/openData/screen.do

hacking)●'이 대두되고 있다. 하지만 전문가와 시민의 기술 활용 격차가 크기 때문에 시민의 역할이 적어지면서 흐지부지되거나, 자칫 사회적 공감대 형성이나 윤리적 문제를 간과하여 실패하는 경우도 있다. 또한 이광석 (2020)은 "시민 자율과 자치의 과학기술 상상력을 발휘해 각종 사회문제에 해결책을 제시하는 현장 실험들은 유효하고 장려될 일이나, 우리 사회 주류 질서가 과학기술을 욕망하고 폭주하는 것에 비해, 이를 강력하게 제어하고 기술 대안을 제시할 혁신 실험과 개입의 '시민력'이 턱없이 부족하다"●●고 지적한다. 이러한 문제가 발생하는 근본적인 이유는 무엇일까. 필자는 앞서 언급한 인스트럭터블스 같은 누구나 쉽게 접근할 수 있는 건강한 공유 플랫폼이 자생하고 지속해서 운영된 적도 없거니와 시민 스스로 혁신과 주체적인 학습을 필요로 하지 않았기 때문이 아닐까 생각한다. 바꿔 말하자면, 사회적 구성원이 쉽게 접근하고 소통할 수 있는 플랫폼 형성과 참여자 친화적 교육을 통해 호기심, 문제 해결의 성공과 실패에 대한 다양한 케이스 형성과 자발적 공유, 누구나 접근할 수 있는 시민 지식 아카이브가 필요하다는 것이다. '시민력'은 지역 사회 구성원이 공감하는 문제에 대해 같이 공부하고 해결해가는 과정에서 시작되지 않을까.

다음 장에서는 필자가 몸담고 있는 한국예술종합학교 융합예술센터 아트콜라이더랩의 예술과 기술 융합형 파운데이션 교육 프로그램 <팀러닝>의 사례를 통해 예술과 기술의 융합, 자기주도학습, 공동 작업과 협업, 동료의 중요성에 대해 얘기하고자 한다.

● '시빅 해킹'은 한마디로 데이터 기술을 사회혁신과 결합하려는 시민사회의 실천 의제로 볼 수 있다. 원래 '해킹'은 특정 기술을 뜯어보고 권위에 의해 닫힌 설계를 우회하여 생산된 성과와 지식을 함께 나누고 공유하는 컴퓨터 자유 문화를 지칭한다. 여기에 '시빅(시민)'이 붙으면서 좀 더 시민사회에 의해 의제화된 사회적 해킹 행위로 개념이 탈바꿈했다. - 이광석, 시민 자율과 자치의 상상력을 발휘… 폭주하는 과학기술 '말머리'를 돌려라., 2020, https://www.khan.co.kr/it/it-general/article/202012311929005#csidxa1b9a658 d26827a8d266da0ea6bd7ad

●● 위의 글, https://www.khan.co.kr/it/it-general/article/202012311929005#csidxa1b9a658d26827a8d 266da0ea6bd7ad

예술과 기술 융합형 파운데이션 교육 프로그램 <팀러닝>●

"쌤! 잘 지내세요? 문득 감사해져서 연락드려요. 센터에서 코딩 배우고 그 랬던 게 경험적으로 도움 돼서 블렌더 3D를 독학했거든요. 웹툰 쪽 일을 하고 싶은데 요즘 웹툰에서 3D를 많이 써서요. 어제 면접 보는데 그걸 어 필했더니 되게 좋게 보시더라고요. 그래서 생각나서 연락해봤어요. 이번 엔 겸사겸사 파이썬을 배우려고 해요. everybody dance now라는 파이토 치 기반 머신러닝 프로그램(?)을 돌려보고 싶어져서요. 센터 덕분에 제가 해보지 못했던 것들에도 용기 있게 도전 할 수 있게 된 것 같아요! 쌤께도 너무 감사드리고요! 센터분들께도 감사하다 전해주세요!!^^"

－ 2021년 9월,
한예종 영상원 멀티미디어 영상과 졸업생 김화은 씨의 메시지

김화은 씨와는 2019년 2학기 <팀러닝 2019 : Trouble Shooting@석관동> 에서 처음 만났다. 가끔 안부를 묻곤 했지만 화은 씨가 교육 프로그램에 참 여 후 2년이 지나 보내온 메시지는 필자가 이 학교에서 무엇을 해야 하는 지 다시 한번 상기하게 되는 계기가 되었다.

1) 예술과 기술 융합형 교육을 위한 실험과 구조 만들기
한국예술종합학교 융합예술센터 아트콜라이더랩의 예술과 기술 융합형

● 이 장은 『아트 인 컬처 2021년 1월호 특집, 테크놀로지가 예술에 미치는 영향』에 필자가 기고한 '기술로 인한 예술교육의 변화' 중 일부를 인용하여 작성되었다. <팀러닝>에 대한 자세한 내용은 한예종 융합예술 센터 아트콜라이더랩의 홈페이지에서 확인할 수 있다(https://www.artcollider.kr/programs/education).

파운데이션 교육 프로그램 <팀러닝>은 한예종 재학생을 대상으로 다양한 분야의 강사들과 함께 동시대 미디어의 사회적 담론과 창작 환경을 다루는 강연, 기술 워크숍, 프로젝트 활동으로 구성된다. 특징은 '①오픈소스 바탕의 기술적 소양 교육과 칸반 방식●이 도입된 협업 기반 예술 교육', '②웹 플랫폼(트렐로●●, 원노트●●●)을 통해 언제든 다시 찾아볼 수 있는 수업 자료 제공', '③프로젝트 활동 가시화를 통한 학생 수업 참여도 모니터링과 운영진, 강사의 기민한 대응 유도', '④팀 티칭을 통해 학습자에게 제시된 주제에 대한 다양한 시선 제공과 비판적 사고 형성'이다. 아트콜라이더랩은 이러한 예술학교 기반의 융합형 교육 방법론 연구/개발을 통해 장르 예술을 넘어 새로운 분야를 궁금증을 가지고 실험하고자 하는 학생들을 교육, 지원하고 있다.

필자는 2019년부터 정례화된 교육 프로그램으로 <팀러닝>을 운영하기 전부터 다양한 기술 기반의 교육을 리서치하거나 학교 안과 밖에서 워크숍들을 실행해왔다. 이 과정에서 예술과 기술 융합형 교육 프로그램을 개선하기 위해 해결해야 할 몇 가지 문제를 생각하게 되었는데 정리하면 다음 표와 같다. <팀러닝>은 이러한 문제의 개선 방안 도출과 적용을 통해 지금도 수정/보완되고 있다.

● 칸반시스템(kanban system) : 칸반이란 생산 시스템의 생산 흐름을 통제하기 위하여 사용되는 마분지 카드를 의미한다. 여기에는 부품에 대한 정보가 기록된다. 칸반 시스템은 특히 도요타 자동차의 생산시스템에서 유래된 용어로서 JIT(Just in Time) 시스템의 생산통제수단이다. 낭비를 제거하고 필요한 때에 필요한 물건을 필요한 양만큼만 만들어서 보다 빨리, 보다 싸게 생산하기 위한 목적으로 활용된다. - 네이버 지식백과

●● 트렐로(https://trello.com/) : 칸반 방식으로 주어진 프로젝트를 시각화 할 수 있는 무료 웹 플랫폼이다. 팀러닝의 경우 학기별 교육 과정 아카이브를 이 플랫폼으로 하고 있으며, 포털사이트에서도 검색할 수 있다. 학생들의 반응과 요구에 따라 수업 회차별 내용을 즉각적으로 업데이트하여 제공할 수 있다는 장점이 있다. 팀러닝의 후반부에 진행하는 프로젝트팀 활동 내용은 참여 학생들이 직접 작성한다.

●●● 원노트(onenote) : https://www.onenote.com/

문제들

1) 나는 어디에서도 '융합'을 배워본 적이 없다. 융합을 어떻게 정의하고
  실행할 것인가?

2) 대부분의 워크숍(내가 기획한 것을 포함한)이 기술적 기능 위주의 교육으
로 점철된다.

 – 어떻게 하면 학습자 개인 간의 기술 이해와 습득의 편차를 줄일 수 있을까?

 – 어떻게 하면 학습자에게 예술적 영감을 불어 넣는 워크숍으로 변화할 수
있는가?

3) 학습자가 습득한 것을 복습하거나 창작에 응용하고자 할 때, 언제든 다시
찾아보게 할 수는 없는가?

 – 또 학습자의 새로운 창작으로 이어지는 지속가능성을 어떻게 확보할 수
  있는가?

4) 참여하는 강사와 학습자가 수업에 관한 질문과 피드백을 자유롭게 나누고
공론화할 수 없는가?

예술과 기술 융합형 교육 프로그램을 실행하면서 정리한 불만 사항

우선 '융합'을 섣불리 정의하지는 않기로 했다. 융합을 통해 탄생하는 새
로운 예술은 교육자 또는 기획자가 아닌 '학습자'가 만들어 갈 것이기 때
문이다. 다만, 융합을 모색하고 실천하기 위한 토대 또는 태도에 '작가 개
인의 창작' 또는 '위계가 있는 창작'이 아닌 '공동 창작과 협업'을 두었
다. 공동 창작과 협업을 바탕으로 한 교육의 사례는 앞서 언급했던 데이
비드 랭의 저서 <제로 투 메이커>에서 그가 MIT 교수 닐 거센필드(Neil
Gershenfeld)의 저서 『FAB: 데스크톱의 미래 혁명-개인용 컴퓨터에서 개
인용 제조까지』에서 '(거의) 모든 것을 만드는 법'이라는 수업 광경 묘사의
인용에서 찾을 수 있었다.

"마지막으로 놀란 것은 학생들이 주어진 작업 과제를 해결하기 위해 학습을 해나가는 과정이었다. 강의는 지적인 다단계 같은 것이었다. 한 명의 엔지니어가 모든 물건을 제조할 설계 능력과 제조 기술을 전부 갖출 수 없듯이, 하나의 커리큘럼이나 한 명의 교수로는 다양한 그룹의 학생과 기계를 커버할 수 없었다. 따라서 학습 과정은 지식의 공급이 아닌 수요 위주로 진행되었다. 학생들은 수압 분사 절단이나 마이크로컨트롤러 프로그래밍에 관한 새로운 지식을 얻게 되면, 즉시 주변 학생에게 전달하는 열정을 보여줬다. 프로젝트를 진행하기 위해서는 새로운 기술이 필요했으므로 학생들은 동료에게서 기술을 배우면 그것을 다른 학생에게 전수해 주었다. 전통적인 학습 방법이 언젠가 유용하게 쓰일 기술을 미리 고정된 커리큘럼에 따라 배우는 '사례 중심의 학습' 모델이라면, 새로운 방식은 '수요 중심의 학습' 모델이라고 할 수 있다."●

닐 거센필드의 수업 광경 묘사에서 알 수 있듯이 '공동 창작과 협업'은 '커뮤니케이션의 활성화'를 전제로 한다. 필자는 이러한 환경을 만들기 위해 요구되는 것이 '새로운 분야를 같이 탐구해나갈 동료(팀)의 형성'과 협업과 공유가 가능한 '온라인 플랫폼'이라 보았다(오프라인 플랫폼은 '실습과 토론의 장'을 형성하므로 당연히 필요하다). 흥미롭게도 이 두 가지 요소는 거의 모든 문제의 해결과 연결되었다. '같이 탐구하는 동료'는 '학습자 개인 간의 기술 이해와 습득의 편차'를 줄이는 역할을 했고, '온라인 플랫폼(트렐로)'은 '언제든 다시 찾아볼 수 있는 수업 정보와 창작물의 아카이브'의 구조적 역할과 함께 '교육자와 학습자의 커뮤니케이션 공간'으로 기능했다.

● 데이비드 랭(David Lang), 장재웅 역, 『제로 투 메이커』, 한빛미디어, 2015, p. 24

교육 프로그램 〈팀러닝〉에서 사용하는 웹 플랫폼 '트렐로(trello.com)'

2) 스스로 창작 할 수 있는 배경 만들기

문제는 '예술적 영감을 어떻게 불러일으킬 것인가?'에 있었는데 해결 방안
은 '수업 난이도의 조절'에서 찾을 수 있었다. 너무 어려운 기술을 수업에
서 제시하면 대부분의 학습자는 기술적 오류를 해결하기 위해 노력할 뿐,
기술을 통해 무엇을 할 수 있을지 상상하지 못했다. 대상에 따라 다를 수
있지만 약간의 도전을 포함한 적절한 난이도의 기술(툴) 선택은 프로젝트
활동에서 '이것을 활용해 우리가 무엇을 할 수 있을지에 대한 활발한 토론'
으로 이어졌다. 여기에는 프로그래밍의 진입 장벽에 대해 비유적으로 표현
하는 '낮은 문턱 - 낮은 천장', '높은 문턱 - 높은 천장'의 문제, 즉 '쉽게 배
우고, 사용할 수 있는 툴은 사용자의 수준과 상관없이 한계가 명확하지만,
전문가 수준의 툴은 사용자의 능력에 따라 한계가 좌우된다'는 현실적인
문제가 있지만, 다른 전공, 개인 간의 기술 활용 능력 편차가 큰 예술학교
의 학생들에게는 유효한 접근 방법이었다. 이를 통해 교육에서 '예술과 기
술의 융합을 통해 우리가 만들 수 있는 가치는 무엇인가?'에 대해 학습자

스스로 정의하도록 유도 할 수 있었다.

이러한 구조와 요소들은 <팀러닝 2020 : Teaching Game>에서 가장 잘 반영되었다. 2020년도 1학기에 코로나19로 인해 소규모로 진행된 <팀러닝 2020 : Teaching Game>●에서는 인공지능을 활용한 예술작품의 사례와 다양한 의미를 알아보고, mBlock●●의 기계 학습(teachable machine) 기능을 사용해 학생들이 직접 인공지능을 학습시키고 이를 바탕으로 프로젝트를 진행해 보았다. 학생들은 3개 팀으로 나누어 각각 '자신의 성향을 알아가는 기계(기계 MBTI)', '시를 만드는 인공지능(창작자)과 이것을 관객에게 파는 인공지능(판매자)', '인간이 사랑에 빠졌을 때의 표정을 학습해 관객이 입력하는 문장에 따라 표정을 짓는 인공지능'을 결과물로 만들어 냈다.

흥미로웠던 점은 학생들에게 인간(나)과 인공지능의 관계는 작품을 같이 구현하는 일종의 연기자이자 작업 메이트였다는 것이다. 이는 단순한 도구적 관계도 아니었고, 인간만이 가질 수 있는 가치(예를 들어 창의성)를 침범당할까 두려워하는 위협적 관계도 아니었다. 어쩌면 이 디지털 네이티브들은 아날로그 세대가 자신이 오래 사용한 물건에 아이덴티티를 부여하는 것처럼 자신이 만든 디지털 존재에 어떤 유대를 가지는 것처럼 보였다. 수업에 참여했던 강사, 운영진, 학생 모두가 인간의 거울상처럼 작용하는 인공지능을 통해 인간을 반추할 수 있는 계기가 되었다.

<팀러닝>에 참여한 학생들이 얻은 것은 무엇일까. 첫 번째는 ' 자기주도 학습 능력'일 것이다. 이 장의 서두에서 얘기했던 김화은 씨의 예처럼 자신의 창작에 필요한 것을 선택하고 공유된 지식을 탐색하여 자신의 것으로

● <팀러닝 2020 : Teaching Game>의 수업 구성과 프로젝트 활동의 결과물 등은 트렐로 보드에서 확인할 수 있다. - https://trello.com/b/t8LhPOa6

●● mBlock(https://www.mblock.cc/) : MIT Media Lab에서 청소년 대상 코딩 교육을 위해 개발된 스크래치(https://scratch.mit.edu/) 기반의 오픈소스 블록 코딩 프로그램으로 확장 기능을 통해 A.I, Google Data Sheet, Robotic 등을 사용할 수 있다는 것이 특징이다.

팀러닝 강사(언메이크랩-송수연, 최빛나)의 CV(Computer Vision) 시연

만듦으로써 스스로 리터러시 능력을 획득해가는 주체적 인간이 되는 것이다. 두 번째는 '툴의 전용 가능성', 즉 해킹(hacking)이다. 창작물을 만들거나, 원하는 조건을 충족시키기 위해 하드웨어나 소프트웨어의 기존 용도를 달리하는 것이다. 창의성은 여기에서 발현된다. 세 번째는 '동료'이다. <팀러닝>에서 만난 친구들은 창작과 삶을 둘러싼 문제에 대해 각자의 전공을 바탕으로 예술적, 기술적 아이디어와 해결 방법을 찾아가면서 공감대와 유대를 형성한다. 이는 자발적으로 새로운 프로젝트팀을 형성하여 창작으로 연결되기도 하므로 무엇보다 중요하다.

예술과 기술 융합형 파운데이션 교육 프로그램 <팀러닝>의 가치는 협업과 공유를 바탕으로 미래를 살아갈 세대가 스스로 창작의 프레임을 변화시킬 수 있는 주체적인 능력을 틔울 '씨앗'을 그들 안에 심는 데 있다.

팀러닝에 참여한 학생들의 프로젝트팀 활동 모습

결론

기술 융합형 문화예술교육은 문화예술교육의 다양한 형태 중 하나이지만, 우리가 디지털 전환의 시대를 맞이하고 있기에 사회적 관심이 높다고 할 수 있다. 필자는 기술 융합형 문화예술교육이 기술 사용 방법의 습득을 포함한 예술 체험을 넘어서 다양한 사회 구성원이 참여하는 공유 문화 바탕의 사회 문제 발굴과 문화예술적 해결 방법을 모색할 때 지역 기반의 지속가능한 문화예술교육을 실현할 초석이 되리라 생각한다. 하지만 기술 융합형 문화예술교육 프로그램의 대부분이 청소년을 대상으로 실행되고 있고, 지역이 가진 문화적 배경이 다르기 때문에 구체적인 실행 방안을 제시하기는 힘들다. 다만, 앞서 언급한 지역문화와 메이커의 근간에 풀뿌리 민주주의 즉, '시민에 의한 문화 형성', '아마추어의 참여 확대'가 있다면 기술 융합형 문화예술교육은 다음과 같은 지향점을 가질 수 있다.

첫 번째, 기술 융합형 문화예술교육은 시민에게 우리 생활 깊숙이 침투해 있는 과학기술의 사회적 맥락을 인식할 수 있는 문화예술적 접근을 제시할 수 있다. 이는 미래 세대를 위한 교육뿐만 아니라 동시대를 사는 우리 모두의 주체적인 삶과 연관되어 있기 때문에 중요하다. 또한 과학기술의 엘리트주의에서 벗어나 디지털 리터러시, 미디어 리터러시를 문화예술적으로 다룬다는 데 의미가 있다. 이에 따라 교육 대상의 확대가 필요하다.

두 번째, 기술 융합형 문화예술교육을 통해 형성되는 자기주도학습 능력과 건강한 커뮤니티는 우리의 삶을 둘러싼 다양한 이슈에 대해 비판적, 성찰적, 실천적으로 접근할 수 있는 토대가 되어 시민력을 고양할 수 있다. 시민력을 바탕으로 형성되는 지역 문화는 지역 사회가 가진 문제를 공감하고 혁신적이고 예술적인 대안을 시민 스스로 찾고자 할 때 가능할 것이다. 이를 위해 지역 사회를 구성하는 다양한 네트워크가 지식과 정보를 공유하고 소통할 수 있는 온·오프라인 플랫폼이 필요하다.

지자체는 지역사회의 요구를 바탕으로 플랫폼을 설계하고 운영함으로써 지역 문화 형성을 지원해야 할 것이다. 온라인 플랫폼의 예는 2장에서 언급했던 '인스트럭터블스' 같은 웹 사이트를 예로 들 수 있다. 오프라인 플랫폼은 최근 늘어나고 있는 '공공도서관 메이커 스페이스'를 예로 들 수 있다. 시민 누구에게나 열려있는 공공도서관의 메이커 스페이스 운영은 무언가를 만들거나 고치고 문제 해결을 위해 찾을 수 있는 커뮤니티 공간의 기능, 자발적인 학습과 평생학습의 기회를 제공한다는 데 의미가 있다.

세 번째, 창작자의 기술 융합형 문화예술교육 프로그램 연구/개발 지원을 통해 새로운 예술의 형태를 모색하고, 지역 문화예술의 역량 강화를 도모할 수 있다. 동시대 많은 창작자는 4차 산업혁명을 위시한 다양한 기술을 활용한 실험을 통해 새로운 예술의 가능성을 모색하고 있다. 이러한 시도는 과학기술의 블랙박스를 해체하고 자신의 예술 안에서 재해석함으로써 새로운 관점을 형성한다. 창작자의 새로운 관점은 기술 융합형 문화예술교육과 같은 교육 프로그램 또는 워크숍에서 참여자와 소통하면서 진짜 지식으로 탈바꿈한다. 요컨대 새로운 시도를 하는 창작자는 창작과 교육이 맞물려 상승하는 나선형 구조를 통해 발전한다는 것이다. 이를 통해 기술 융합형 문화예술교육은 메이커 교육이나 융합인재교육(STEAM)과 다른 시선을 제시함으로써 차별성을 가질 수 있을 것이다.

이러한 활동은 다양한 분야의 창작자(예술가, 디자이너, 메이커, 프로그래머, 기획자 등)가 협업 할 수 있는 커뮤니티 공간이 필요하며, 이 공간에서 아마추어인 일반 시민과 만남을 통해 지역 사회의 문제를 공감하며 같이 대안을 찾아감으로써 예술의 사회적 역할을 확장해 나갈 수 있을 것이다.

이 모든 일은 지역의 문화예술 네트워크, 시민 네트워크, 지자체의 공감대 형성을 전제로 하기에 오랜 시간이 걸릴 것이다. 여전히 막연하지만, 개척 정신을 바탕으로 한걸음 씩 나아갈 때, 우리는 건강하고 지속가능한 지역 문화 형성이라는 '꽃'을 만나게 되지 않을까.

참고문헌
- 한승준, 『문화 민주주의와 프랑스의 문화예술 지원정책』, 프랑스문화예술연구, 2017
- 서순복, 『문화의 민주화와 문화 민주주의의 정책적 함의』, 한국지방자치연구, 2007
- 한국문화예술교육진흥원, 『2020 창의예술교육 랩 지원사업 성과 사례집 - 함께 발상하고 실행하기 한 뼘 더 성장하기』, 한국문화예술교육진흥원, 2020
- 데이비드 랭(David Lang), 장재웅 역, 『제로 투 메이커』, 한빛미디어, 2015
- 이영희, 『과학기술, 민주주의를 만나다.』 과학기술연구 13권 1호, 2013
- 이영희, 『과학기술과 민주주의: 시민참여를 중심으로』, 2006
- 과학기술의 블랙박스 : https://en.wikipedia.org/wiki/Black_box
- 공공데이터 : https://www.mois.go.kr/frt/sub/a06/b02/openData/screen.do
- 이광석, 시민 자율과 자치의 상상력을 발휘… 폭주하는 과학기술 '말머리'를 돌려라., 2020, https://www.khan.co.kr/it/it-general/article/202012311929005#csidxa1b9a658d26827a8d266da0ea6bd7ad

문화예술
현장에서
디지털 경험
설계하기

김선혁

—

레벨나인 대표

KAIST 문화기술대학원에서 문화기술과 디지털뮤지엄을 연구하고, 문화기술연구소에서 다수의 프로젝트를 수행하였다. 문화예술 분야의 디지털 리소스를 바탕으로 미래의 예술, 전시, 교육 경험을 만들어가는 미디어 그룹 레벨나인의 대표이자 일원으로 활동 중이다. 현재 고려대학교와 숙명여자대학교에서 융합전시와 디지털아카이브를 강의하고 있다.

이제는 다양한 문화예술 현장에서 디지털 프로젝트나 프로그램의 기획이 이루어지고 있다. 지난 몇 년간 박물관과 미술관 현장에서 디지털 프로젝트를 기획하다 보면 디지털 활용의 목표에 대해 곰곰이 생각하게 된다. 초창기 프로젝트들이 최신 기술을 시연하거나 특정 장비를 소개하는 데에 그쳤다면, 최근에는 전시와 교육의 전 영역에서 디지털 '기술'에서 디지털 '경험'으로 관심의 초점이 옮겨가고 있다. 동시에 하나의 질문이 떠오른다. 과연 디지털 기술이 변화시킨 문화예술 경험과 디지털 기술의 등장 이후에도 여전히 변화하지 않은 문화예술 경험은 무엇인지 생각하게 된다. 디지털 기술의 도입으로 빠르게 변화하는 부분만큼이나 변화하지 않는 부분에 대한 논의를 함께 해야 문화예술 경험의 고유성을 발견할 수 있기 때문이다.

문화예술 현장에는 디지털 경험의 설계과정을 바라보는 몇 가지 오해들이 있다. 첫째, 디지털 기술에도 기획과 설계과정이 필요하다. 당연한 이야기 같지만 현장에서는 그렇지 않은 상황이 의외로 자주 발생한다. 디지털 기술은 도구이거나, 장비일 뿐이라는 생각에서 기존의 기획 내용을 그대로 디지털 기기 위에 올려놓는 경우가 많다. 그러나 현장을 찾는 사람들의 입장에서 매체가 바뀌는 것은 결국 경험이 바뀌는 것을 의미하기 때문에 디지털 기술을 구현하는 역량보다 디지털 기술의 가능성을 명확하게 이해하고, 기술 활용의 방향을 설계하는 역량이 더욱 필요하다. 둘째, 디지털 기술 자체가 경험은 아니다. 디지털 기술이 가리키는 용어 그대로 참여자의 실제 경험이 발생하지 않는다. 예를 들어, 몰입형 미디어를 설치한다고 하여 모두가 몰입의 감정을 느끼지는 않는다. 디지털 기술은 몰입, 실감, 상호작용과 같은 경험의 '가능성'을 제공하는 것일 뿐 경험을 이루는 요소에는 디지털 외에도 무수히 많은 변수가 존재한다. 하나의 유물을 보고, 백 명의 사람들이 백 가지를 상상하는 것처럼 동일한 디지털 기술이 손에 주어진다고 해도 경험은 여러 갈래로 갈라진다. 그러므로 디지털 기술을 경험

의 동의어로 보기보다는 현장의 경험 그 자체를 세밀히 들여다보는 과정
이 기획자에게 필요하다. 셋째, 현장에서 디지털 경험의 완성은 역시나 사
람이다. 결국 사람이 중요하다는 이상적이거나 추상적인 이야기가 아니다.
여전히 디지털 기술은 문화예술 현장을 찾는 관람객 혹은 참여자에게는
익숙하지 않은 매개체이기 쉽다. 그리고 사람들의 기대치가 높이는 영역과
현재 디지털 기술로 가능한 영역 사이에는 간극이 존재한다. 현장에서 이
틈을 채우며 경험을 만들어가는 과정에는 사람과 운영의 역할이 중요하다.
그렇기 때문에 디지털 경험의 설계에서 사람의 역할을 빼놓고 이야기할
수 없다. 그렇지만 운영을 기능적으로만 접근해서는 안 된다. 경험을 풍부
하게 하고, 내러티브를 전달하는 역할로서 사람과 운영을 고려해야 한다.

위의 기본적인 관점을 바탕으로 하나의 사례를 보고자 한다. 사례로 볼
<ACC박사와 비밀의 문>은 2017년 처음으로 국립아시아문화전당 어린이
문화원에서 선보였던 전시 내 교육 프로그램이다. 참여자들은 전시공간
을 돌아다니며 디지털 기반의 체험교육을 경험하게 된다. 태블릿 컴퓨터,
증강현실, 가상현실 등의 스마트 기술을 활용하여 참여자들이 전시 경험
에 적극적으로 참여할 수 있는 경험의 가능성을 실험해 보았다. 그 이후에

프로그램의 도입 장면

탐험의 주요 수단인 태블릿 컴퓨터

도 현장에서 다양한 디지털 실험을 진행하였으나, 문화예술 현장과 교육의 측면에서 디지털 기술과 게임성을 적극적으로 활용한 사례로서 여전히 다양한 시사점을 제공하리라 본다. 실제 경험을 설계하는 과정에서 영국 교육연구재단인 NFER(National Foundation for Educational Research)이 제시한 '게임 기반의 학습을 위한 원칙과 메커니즘(The principles and mechanisms of game-based learning)'을 참고하였다. 보고서에서 언급한 5가지의 원칙을 먼저 살펴보면 자연스러운 동기부여, 흥미 유발, 학습 내용의 진위성, 선택의 자율성, 실제적인 경험 기반의 학습과정을 제시하고 있다. 이러한 원칙은 학교처럼 고정적이고 정형화된 학습공간에서 이루어지는 교육 경험보다, 박물관과 미술관 공간에서 이루어지는 교육 경험에 더욱 도움이 된다. 박물관과 미술관 공간의 전시 및 교육 경험이 지닌 기본적인 속성과 맞닿아 있기 때문이다. 8가지의 메커니즘은 게임 요소에 기반을 둔 구체적인 시나리오 설계에 도움이 되는 내용을 담고 있다. 게임 시나리오를 효과적인 교육 경험으로 구현하기 위해서는 참여자들이 공유하는 규칙, 명료한 목표, 허구적 요소, 난이도 설정, 상호작용, 불확실성, 즉각적인 피드백, 사회적 활동의 요소를 고려해야 한다.

<ACC박사와 비밀의 문>에서도 참여자의 몰입을 위해 연극 대본과 같은 허구적인 요소를 도입하고, 시간 내 사라진 문화유산을 되찾는다는 명료한 목표와 전개의 자율성을 제공하며, 태블릿 컴퓨터 화면을 통한 즉각적인 피드백을 주고받으면서, 암호집과 태블릿 컴퓨터의 분리를 통해 자연스럽게 팀원과 협업할 기회를 유도하였다. 프로그램 속 각 요소는 이러한 메커니즘을 참고한 것이다. 최근에는 디지털 환경과 게이미피케이션을 활용하여 체험과 교육 프로그램을 설계하는 사례가 늘고 있다. 물론 현장에서는 이러한 원칙과 메커니즘을 기계적으로 대입하기 어려운 경우도 있다.

디지털과의 균형을 만들어내는 연구일지

왜냐하면 문화예술 공간과 교육 프로그램은 고유의 맥락과 참여자 특징이 있기 때문이다. 이 원칙과 메커니즘은 반드시 지켜야 하는 법칙이기보다는 문화예술 경험의 구체적인 모습을 만들어나가는 과정에서 유용한 길잡이로 작용한다.

<ACC박사와 비밀의 문>은 제한된 교육실에서 벗어나 전체 전시공간을 누비며 팀별로 프로그램을 진행하는 구성을 갖추고 있다. 참여자가 자유롭게 돌아다닐 수 있지만, 전체 방향을 공유하는 도입부 경험이 특히 중요하다. 프로그램의 참여방법을 알려주는 기능적인 목적 외에도 시나리오에 몰입할 수 있는 계기를 마련한다. 참여가 시작되는 지점에서 연극적인 요소를 활용하였다. 참여자가 안내자를 따라 박사의 연구실을 찾아가게 되고 그곳에는 실종된 박사가 남긴 의문의 편지를 발견하게 된다. 참여자는 편지 속 비밀번호에 따라 보관함을 열게 된다. 그리고 연구일지와 태블릿 컴퓨터를 손에 넣게 된다. 시작 부분에서 기능적인 목적만으로 참여자에게 체험방법을 알려주고, 태블릿 컴퓨터를 일괄적으로 나누어줄 수도 있었으나, 연극적 요소의 도입을 통해 전체 시나리오와 진행방식에 자연스럽게 몰입할 수 있도록 하였다. 연구일지와 태블릿 컴퓨터를 획득한 팀은 본격적으로 전시공간 곳곳에 숨겨진 아시아의 문화유산을 찾아 나선다. 그러나 문화유산의 각 위치는 연구일지 속 의문의 아시아 상형문자를 조합하여 박사의 메시지를 해독해야 알아낼 수 있다. 물론 고정된 순서나 방식에 얽매일 필요는 없다. 여기에서 팀별로 독창적인 탐험 전략이 나타난다. 어느 팀은 암호를 다 같이 풀고 나서 전시공간으로 떠나기도 하고, 어느 팀은 역할을 나누어서 암호를 푸는 팀원과 문화유산을 찾는 팀원으로 역할을 나누기도 한다. 참여자는 문제의 상황과 정해진 규칙 안에서 자유롭게 문세를 해결해 나간다.

아시아의 문화유산이 전시공간에 등장하는 방식에서 다양한 디지털 기술

을 활용하였다. 국립아시아문화전당의 설립 목표와 취지를 살려 참여자가 아시아의 대표적인 문화유산을 디지털 기술을 통해 접하게 된다. 몽골의 칸규르와 우리나라의 해인사 장경판전은 증강현실 기술, 캄보디아의 앙코르 와트는 혼합현실 기술, 몽골의 샤가이와 인도네시아의 바틱은 아날로그 퍼즐과 인터랙티브게임, 중국의 경극은 얼굴인식 기술, 카자흐스탄과 중앙아시아의 암각화는 가상현실 기술로 구현하였다. 그러나 디지털 기술의 유형을 먼저 정하기보다는 문화유산의 특징과 내용을 참고하여 시나리오마다 적절한 기술을 도입하였다. 예를 들어, 중국의 경극은 얼굴인식 기술을 통하여 참여자 얼굴에 등장하는 특정 색의 가면을 찾아내도록 하고, 중앙아시아의 암각화는 가상현실 안에서 동물의 숫자를 알아맞히도록 하고, 캄보디아의 앙코르와트와 우리나라의 해인사 장경판전은 혼합현실과 증강현실 기술을 통해 건축물의 구조적인 측면을 들여다볼 수 있도록 하였다. 이처럼 디지털 기술 자체에 초점을 맞추기보다는 경험의 대상이 되는 문화유산의 내용과 특징을 보다 효과적으로 전달하는 경험의 매개체로 기술을 정하는 과정이 중요하다. 참여자는 각 문화유산에 연계된 문제를 해결하고 나면 최종적으로 비밀의 문 안으로 들어간다. 그리고 혼합현실이 만들어내는 가상의 문으로 들어가 보물을 획득하게 된다. 혼합현실을 통해 직접 걸어 들어가 볼 수 있도록 함으로써 내러티브에 보다 효과적으로 몰입하게 된다. 주어진 시간이 완료된 시점에 모든 태블릿 컴퓨터로 특정 장소로 모이라는 편지가 발송된다. 마지막 문화유산은 모든 팀이 공통으로 참여하는 고구려 고분벽화다. 벽화 속 숨은 그림을 디지털 랜턴을 통해 다 같이 찾아본다. 참여자들은 전시공간 곳곳에서 만난 문화유산의 내용을 미니퀴즈를 통해 되돌아보고 경험을 마치게 된다. 미술관과 박물관을 비롯한 문화공간의 교육 경험은 마무리도 중요하다. 특히 디지털 기술의 단순 체험에서 그치지 않도록 프로그램의 목적과 주요 내용을 다시 되새기는 과정이어야 한다.

<ACC박사와 비밀의 문> 경험 설계 과정에서 디지털과 디지털이 아닌 영역의 균형을 중요하게 보았다. 왜냐하면 디지털 기술에 대한 의존도를 너무 높이다 보면 현장에서는 적지 않은 장애물을 만나게 된다. 장비를 확보하는 예산, 디지털 장비를 안내하고 관리하는 인력, 프로그램 오류 시 대응 과정 등 디지털 활용은 적지 않은 관리를 필요로 하는 것이 사실이다. 디지털에만 몰입하게 되면 박물관과 미술관을 비롯한 문화예술 현장에 직접 찾아오는 의미를 잃게 되는 경우도 있다. 그래서 태블릿 컴퓨터는 팀을 기준으로 제공하되, 태블릿 컴퓨터를 팀원 중 한 명이 독점하지 못하도록 주요 시나리오와 암호가 담긴 연구일지는 디지털 화면이 아닌 인쇄물로 제작하였다. 그리고 시나리오의 적지 않은 부분을 인쇄물에서 확인할 수 있도록 하여 팀 내 참여자 간 소통과 교류가 일어날 기회를 마련하였다.

이처럼 다양한 디지털 기술이 등장하는 <ACC박사와 비밀의 문>에서 변한 것과 변하지 않은 경험 요소는 무엇일까? 먼저 참여자 경험에서 변한 것을 보자면 동일한 시나리오라고 하더라도 증강현실, 확장현실, 얼굴인식 등의 디지털 기술은 참여자에게 집중과 몰입의 분위기를 만들어 낸다. 태블릿 컴퓨터로 가능해진 다양한 디지털 경험은 참여자의 관심을 집중시키기에 분명 효과적이다. <ACC박사와 비밀의 문>에서 디지털 기술은 참여자를 몰입하게 하는 시작점이자, 전에 가능하지 않던 다양한 상호작용을 가능하게 해주는 매체임은 분명하다. 그렇지만 디지털이 주는 신기한 감정은 생각보다 오래가지 않는다. 이 프로그램의 성공 요인은 오히려 변하지 않은 부분에 있다. 디지털과 관계없이 사람들은 여전히 수수께끼와 문제를 해결하고 싶어한다. 그리고 친구, 지인, 가족과 함께 해결해나갈 때 의미 있는 경험으로 기억한다. 이는 기획과 시나리오의 영역이지, 디지털이 반드시 있어야 하는 영역은 아니다. 관련하여 프로그램 참여자 설문결과 중 일부를 살펴보고자 한다. 설문조사는 실제 참여한 51명을 대상으로 진행하였다. 중학교 1학년과 초등학생 4학년 두 그룹에게 프로그램 구성의 4가지

특징에 대한 선호도를 물어보았다. 첫 번째 특징은 게임시나리오와 스토리텔링이다. 연극적인 도입부와 각 팀에게 나누어주는 연구일지와 암호집, 그리고 게임적인 구성이다. 둘째, 태블릿 컴퓨터를 통해 시나리오가 전개되는 방식이다. 기존의 프로그램과 달리 태블릿 컴퓨터와 함께 각 공간을 돌아다니면서 경험이 전개된다. 셋째, 각 장소에서 증강현실, 가상현실 등 체험 대상을 새롭게 체험할 수 있는 최신 기술이다. 넷째, 아시아 문화유산에 대한 지식 그 자체이다. 현장에서 디지털을 활용하다 보면 대부분의 참여자가 디지털 기술을 가장 선호한다고 생각하기 쉽지만, 설문조사에 따르면 태블릿 컴퓨터를 활용하는 전개 방식, 증강현실 등의 디지털 기술보다 게임 시나리오와 자율적인 전개방식을 가장 높게 평가하였다. 그리고 태블릿 컴퓨터와 증강현실 등의 기술 그 자체는 그 다음으로 평가하였고, 아시아 문화유산에 대한 지식 자체는 가장 낮게 평가하였다. 이를 통해 참여자는 특정 지식의 학습이나 디지털 기술 그 자체를 체험하는 과정보다 특정 문화예술 현장 고유의 시나리오를 바탕으로 한 협업의 전개방식을 가장 선호함을 알 수 있다.

"스토리가 있어 더 재미있었다."

"친구들과 머리를 모아 다 같이 생각해보고 미션을 푸는 것이 재미있었다."

"친구들과 같이 해서 좋았다."

"재미있고 지식을 배워 좋았고 우정이 더욱 늘어났다"

"머리를 쓰는 게 좋았다. 문자로 글자를 찾아서 푸는 게 재미있었다."

"태블릿으로 하는 것이 재미있고 신기했다."

"공간이 넓어서 돌아다니며 문화유산을 공부하는 것이 참신하고 좋았다."

설문조사 참여자가 남긴 주요 의견들이다. 물론 문화예술 현장에서 디지털 기반의 경험을 인상 깊게 보는 지점은 다양하다. 그리고 문화예술 경험을 설계하는 것이 몇 개의 법칙만으로 완성되지는 않는다. 프로그램이 가진 메시지와 시나리오, 디지털 기술과 장비가 주는 몰입감, 친구와 가족이 함께 해결해가는 협업 활동, 공간 자체가 주는 감각 등 다양한 요소가 결합하여 개개인의 경험으로 나타난다. <ACC박사와 비밀의 문>을 시작으로 여러 박물관과 미술관에서 디지털 기반 문화예술 경험을 설계하는 프로젝트를 계속 진행해 오고 있다. 때로는 하나의 키오스크가 경험의 매개체 역할을 하기도 하고, 때로는 모바일로 새로운 경험을 제시하기도 한다. 최근에는 증강현실과 가상현실과의 접목을 위해 가상현실 기기나 태블릿 컴퓨터를 자주 활용하고 있다. 앞으로도 디지털 기술을 경험할 수 있는 인터페이스는 계속해서 발전할 것이다. 그렇지만 디지털 기술 자체의 발전 양상과는 다른 지점에서 우리가 문화예술 현장에서 정의하는 디지털 기반의 교육경험과 기획과정에 대한 논의가 필요하다.

박물관과 미술관의 교육 현장은 빠르게 변화하고 있다. 별도의 교육실에서 하나의 교육계획안으로 진행되던 선형적인 방식에서 벗어나, 전시공간을 자유롭게 돌아다니며 작가, 작품, 유물과 연계된 다양한 경험을 유도하는 교육 프로그램이 더욱 많이 등장하고 있다. 그리고 하나의 문화예술 지식이나 정보를 전달하기보다는 교육 참여자 입장에서 여러 가지 관점과 해석을 체화하는 과정 자체가 교육 설계의 목표가 되고 있다. 박물관과 미술관의 교육 경험은 근본적으로 해석적인 과정이고, 교육 참여자에게는 다양한 결과물을 허용하는 참여의 과정이 필요하다. 그리고 '교육은 경험의 전환을 통해 지식이 만들어지는 과정'임을 강조한 데이비드 콜브의 경험 기반 교육(experiential learning)을 실현할 수 있는 최적의 장소 중 하나가 박물관과 미술관이다. 박물관과 미술관의 교육 과정이 학교 등의 다른 교육과정과 차별화될 수 있는 지점이 바로 하나의 문화예술 경험 안에서 실제 행동을 유도하는 체험, 다양한 자료에 대한 분석, 각 지점의 의사결정, 참여자 간의 협업 등 세부적인 문화예술교육의 목표가 자연스럽게 균형을 이룬다는 점이다. 현장에서 디지털 기기에 주목하는 이유는 지금의 교육 참여자들이 단순히 디지털을 선호하기 때문이 아니라 디지털 기반의 교육과정이 교육 참여자의 반응, 결과, 의견을 효율적으로 취합하고 분석하고 재전달하기 때문이다. 전시 대상을 설명하고 해설하던 교육 프로그램의 기능이 이제는 참여자의 다양한 경험과 피드백을 소통하는 과정으로 옮겨가고 있으며, 이 과정에서 디지털 기획은 보다 효과적으로 교육목표를 실현한다. 문화예술 현장에서 디지털 기술의 활용을 단순히 장비나 시스템의 도입으로 보기보다는 현재와 미래세대의 교육 경험을 함께 만들어가는 기회의 창으로 보아야 한다. 디지털 개발이 아니라 디지털 기획과 설계라는 과정이 더욱 중요하고, 현장에서 이 과정의 역할에 대하여 충분히 공감해야 한다. 최근 들어, 몰입형이나 실감 콘텐츠 등 다양한 단어가 현장에서 쓰이고 있다. 그러나 현장에서 느끼듯이 프로젝션 맵핑, 가상현실 기기 등의 기술 유형이 문화예술 교육과정에서 참여자들의 몰입이나

증강현실로 알아보는 해인사 장경판전의 건축 원리

가상현실로 만나는 중앙아시아의 암각화

전시공간에 혼합현실로 나타나는 비밀의 문

실감나는 경험을 저절로 보장하지는 않는다. 기술이 지향하는 경험의 목표와 실제 참여자 사이에는 늘 간극이 있고, 이를 메꾸어나가는 기획과 실천

이 현장에서 요구된다.

앞으로 문화예술 경험이 지금과 달라질 거라는 전망에는 공감하지만, 동시에 사람들이 끊임없이 박물관과 미술관을 찾는 현장을 보면 디지털 전환의 시대에도 문화예술 경험의 본질은 바뀌지 않으리라 본다. 그 본질과 사람들의 경험을 잇는 채널이 바뀌고 있을 뿐이다. 여전히 우리는 문화예술 현장에서 다양한 방식으로 영감을 얻고, 문제를 해결해 가고, 사회적인 관계를 형성해 간다. 쉽게 변하지 않는 문화예술 고유의 경험을 나눌 수 있을 때 디지털 기술의 존재 의미가 살아난다. 그래서 현장에 더욱 많은 다양성과 실험이 존재했으면 한다. 문화예술 활동과 프로그램의 다양성은 결과물의 다양성보다 참여하는 사람들의 다양성에서 출발한다. 각기 다른 전문성을 지닌 사람들이 자유롭게 참여하여 현장의 실천을 만들어내야 한다. 무엇보다 디지털 실험 안에서 섣부르게 시행착오 없는 결과물을 기대하지 않았으면 한다. 현장에서 필요한 것은 당장의 성과가 아니라, 미래세대와 함께 만들어가는 작은 실험들의 연속이다. 반복되는 실험 과정 안에서 미래세대가 경험하게 될 문화예술 현장의 힘이 모인다.

상상, 생각의 재발견 기술과 예술의 융복합적 접근에서 문화예술교육 사례

전지윤

—

미디어 아티스트, 서울미디어대학원대학교 교수

미디어 아티스트 전지윤은 창의적이고 차별화된 시각적 방법론을 모색하고자 예술, 디자인 그리고 기술의 영역에서
융합적인 시각적 언어를 연구한다. 컴퓨터 비전 기반 기술, 센서/인터페이스를 이용한 학계 간 연구를 진행하여
문화예술교육 콘텐츠, 디지털 문화유산 콘텐츠, 모바일 아트와 같은 AR 기술 기반으로 한 인터랙티브 미디어 콘텐츠를
주로 연구 개발하고 있다. 다수의 개인전과 여러 단체전에서 작품을 선보여 왔으며,
현재 SMIT(서울미디어대학원대학교)에서 교수로 재직 중이다.

문화예술교육의 지향점

세계경제포럼(WEF, World Economic Forum, 다보스 포럼) 회장인 클라우스 슈밥(Klaus Schwab)은 저서 『제4차 산업혁명』에서 오늘날의 급변하는 산업 환경을 "디지털, 물리, 생물 영역 사이의 경계를 모호하게 만드는 기술들의 융합"으로 특징짓고 이를 제4차 산업혁명이라고 이름하였다. 또 2016년 WEF는 40여명의 각국 정치지도자와 2,500여명의 정·재계인사들이 참석한 가운데 제4차 산업혁명을 핵심주제로 채택하여 이에 대한 관심과 영향력이 세계적으로 확산 되었다.

오늘날 우리가 많은 사람들과 모바일 기기로 연결하여 실시간 소통하고 또 지식, 정보에 대한 접근성을 극대화할 수 있게 된 것도 이러한 혁명적 기술변화의 영향일 것이다. 실생활에서도 ICT(정보통신기술: Information & Communication Technology)의 기술들이 기존 산업과 결합하면서 내놓는 새로운 차원의 제품과 서비스를 다양한 경로로 만나 그 가치를 누리고 있다. 아직 제한적인 측면이 많지만 우리는 4차 산업혁명의 핵심기술로 일컬어지는 로봇공학, 인공지능(AI), 가상·증강현실(VR·AR), 사물인터넷(IoT), 3D프린팅, 자율주행자동차, 나노와 바이오 공학 등이 융합하여 펼치는 새로운 세계에 성큼 들어선 것이다.

이러한 환경/기술변화는 항상 우리에게 그에 걸맞은 변화와 적응을 요구한다. 우리 문화예술 분야도 이에 부응할 수 있는 인재의 양성이 하나의 과제로 대두 되고 있다. 그동안 기술-예술을 융합한 인재교육은 2011년 당시 교육과학기술부에서 STEAM(과학Science, 기술Technology, 공학Engineering, 예술Art, 수학Math)교육으로 추진한 바 있다. 그 후 2020년에 와서 교육부는 과학-수학-정보를 융합하는 종합계획에서 첨단기술 기반 미래교육을 체계화하고, 지능정보사회를 이끌어갈 미래형 인재 양성계획을 제시하였다. 이 계획에서 인공지능, 가상·증강현실 등 에듀 테크(Ed-tech)기술을 본격적으로 도입하고자 한 것은 괄목할만한 대목이었다.

기술과 예술의 융복합 차원에서 보면 기술의 도입과 활용은 우리가 전달하고자 하는 정보의 구성과 이를 공유하고 전달하는 도구적 관점에서 중요한 의미를 갖는다. 그것은 기술에 대한 인문학적 접근이며, 기술이 갖는 속성을 문화예술에 체화시키는 과정이기 때문이다. 그렇다고 발전하는 기술에 무차별적으로 추종하여 원래의 인문학적 관점을 소홀히 하는 것은 경계해야 할 일이다. 주제의식을 가지고 비판적 안목으로 기술을 수용하되 융합적 활용이 가능한 유연한 사고와 풍부한 상상력을 겸비한 창의성을 발휘해야 한다. 다시 말해 인문학적/문화예술적 소양으로 기술의 발전을 사회적 변화로 바라보면서 비판적 사고력, 문제 해결력, 그리고 의사소통 능력 등을 키울 수 있는 문화예술의 교육콘텐츠를 지향해야 한다. 이는 기존의 STEAM교육에서 한 걸음 더 나아가 디지털 미디어 리터러시(literacy)를 개발하고 융합적 창의성을 함양시킬 수 있는 콘텐츠를 모색해야 한다는 의미이기도 하다.

현재 문화예술교육에 대한 정책적 지원은 점차 확대되고 있다. 이와 같은 지원과 정책의 양적 팽창에 대응하여 질적 측면에서 다양한 시도가 현장에서도 시도되어야 하겠다.

기술과 예술 그리고 문화예술교육

4차 산업혁명 시대의 문화예술교육은 앞서 언급한대로 기술과 예술의 융합적 접근을 위하여 창의적 사고를 종합적으로 확장할 수 있는 미래형 인재육성에 중점을 두어야 한다. 여기서 창의적 사고는 다층적 구조의 상황에서도 다관점에서 사고할 수 있고, 통합적인 문제 해결 능력과 사회적 소통 능력을 가질 수 있는 원동력이 되므로 사고의 지평을 넓힐 수 있는 방향으로 교육 콘텐츠가 설계 되어야 할 것이다.

현재 융복합형 문화예술교육 콘텐츠는 과학기술, 인문학과 예술을 연계한 프로그램으로 기획하고, 여기에 연령별 대상을 고려하여 개발되고 있다.

그러나 학습자 중심의 창의적 활동을 지향하고는 있지만 프로그램들이 획일화되거나, 기술적 이해도가 높지 않은 상황에서 시도되어 단순한 체험교육에 머무는 경우가 많은 것도 사실이다. 과학기술이 문화예술교육으로 융합되는 지점에서 교육을 어떻게 구현할 것인지에 앞서 그 시도가 궁극적으로 무엇을 추구하고 있는지를 새겨 보는 것도 간과할 수 없는 부분이다. 첨단 기술을 활용한 문화예술교육 콘텐츠는 인문학적 관점에서 기술을 이해하는 것부터 기술을 창의적으로 응용할 수 있는 역량의 배양까지 연결, 결합되어야 한다. 먼저 교육설계는 학습자가 생각하고 상상할 수 있는 개념적 접근과 그 상상력을 바탕으로 첨단 기술에 의해 독창적이고 예술적인 표현을 모색할 수 있도록 유도하는 것이 중요하다. 그리고 그 과정에서 학습자의 상상력, 생각, 추구 가치 등을 공유하고 이의 구현 또는 활용을 위하여 소통의 장도 준비 되어야한다. 결국 학습자의 주제의식은 자신의 사고를 확장시키고, 예술적 표현 도구로서 첨단 기술기반 매체의 활용을 용이하게 하여, 디지털 미디어 리터러시의 향상은 물론 창작물의 구현도 촉진할 수 있게 된다. 이와 같은 과정에서 교육 설계자와 담당자로서 예술강사의 역할은 매우 중요하다 할 것이다.

예술가 VS 예술강사

필자는 미디어 아티스트, 그래픽 디자이너, 교육자로 활동하고 있다. 예술가로서 자신만의 표현을 모색하고자 예술, 디자인과 기술의 융합적 영역에서 시각적 언어를 연구한다. 작품 <Spit in a smiling face>는 다양한 작업 중 한 예에 속한다. 스마트 기기를 활용하여 작가가 현실을 해체한 가상의 구조(작품)를 제시하고, 이에 대해 현실의 타자인 관람객이 참여하여 시각적 변이를 발생 시킨다. 관람객은 자신의 기기와 연결하여 드로잉으로 표현함으로써 작가-작품-관람객은 인터랙션 구조를 형성하고 시각적 변이를 통하여 내재하는 사유적 표현을 비교할 수 있게 된다.

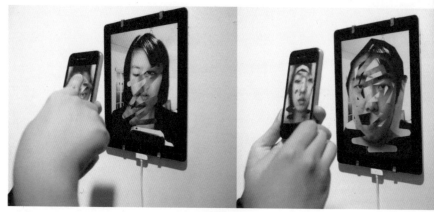

전지윤 作, Spit in a Smiling Face, Interactive Work w/iPhone, iPad, 2011
The Matrix 展, 대안공간 충정각, 2011.11.23. - 2011.12.09. / Programming_Untitled(ART08)

작품 <A Couple of Men Series>는 두 사람의 관계로 생성되는 인간의 표정 이면을 시각화하기 위하여 증강현실을 사용하였다. 현실의 이미지와 정합된 가상의 이미지가 결합하여 인간의 내재적 관계를 형상화하는 이미지텔링(Imagetelling)이다.

전지윤 作, A Couple of Men Series, Interactive Work(AR) w/iPhone, 2011
다중감각(多重感覺)展, 사비나 미술관, 2011.03.02-2011.04.15. / Programming_Untitled(ART08)

이와 같이 작업에서 파생된 디지털 기술을 예술과 융합하여 일상생활 속에서 콘텐츠화 할 수 있도록 학제간 연구를 진행하고 문화예술교육과 디지털 문화유산 콘텐츠, 모바일 아트 등과 같은 인터랙티브 미디어 콘텐츠를 개발하고 있다. 물론 프로젝트에 따라 발상의 차이를 대상별, 매체별 목적에 부합될 수 있도록 대응한다. 동일한 증강현실(AR, Augmented Reality) 기술이라 하더라도 모바일 아트와 문화예술교육 콘텐츠에서 그 사용 목적에 따라 각각 다르게 활용되기 때문이다.

필자는 우리나라에서 스마트 폰이 보편화되기 시작할 무렵부터 증강현실 기반 모바일 아트를 구현해 왔다. 이를 교육 현장에 적용하면서 초기에는 여러 여건상 증강현실을 구현하기가 쉽지 않아 기술 중심의 수업으로 진행되기도 했으나 이제는 자체 제작한 어플리케이션 <AR Tool Kit Series>를 활용하여 손쉽게 구현할 수 있기에 이르렀다.

2019~2020년 꿈다락 토요문화학교 '드림 아트랩 4.0'에서 융복합 문화예술교육 콘텐츠를 설계할 때도 이 어플리케이션을 사용하였다. 이것은 이미지 객체 인식 기술을 활용하여 현실에 있는 대상을 인식하고, 이를 가상의 데이터와 정합하게 하는 증강현실 도구이다. 학습자는 손쉽게 마커와 증강 이미지를 선택하거나 생성할 수 있기 때문에 다양한 증강현실 기반 콘텐츠에 활용할 수 있을 뿐만 아니라 기술을 창의적으로 활용할 수 있는 경험도 제공할 수 있다. 전반적으로 학습자가 창의적 발상(사고)을 생성하고, 생성된 기술적 성과는 예술적 도구로 활용할 수 있도록 유도한다는 관점에서 학습자 중심의 교육 과정을 제공하고자 하였다.

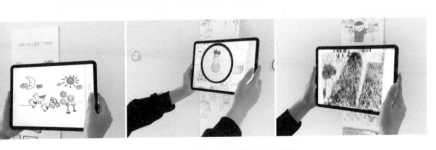

어플리케이션 AR Tool Kit Series 알파. 베타. 감마 사례(iOS/iPad기반)

앞서 필자의 작업에서 활용한 증강현실 기술은 어플리케이션 <AR Tool Kit Series>뿐만 아니라 <AutoDrawing>을 예술적 표현 도구로 개발하였는데 이는 작품 <Spit in a smiling face>와 작품 <A Couple of Men Series>에서 사용한 기술을 활용하여 구현하였다. 어플리케이션 <AutoDrawing>은 미술 표현 기법(불기, 흘리기, 데칼코마니, 마블링, 프로타주, 스크래치, 모자이크 등) 중 데칼코마니, 마블링, 흘리기, 불기와 같은 미술의 우연성으로 시각화할 수 있는 표현 도구이다. 이와 같은 우연적인 미술 표현 기법은 스스로 습관적인 관념이나 이성을 배제한 무의식적 표현이 가능하기 때문에 자유로운 상상력을 표현하는 즐거움으로 창의력을 향상시킬 수 있다. 미디어 아티스트의 입장에서 예술적 표현이 가지는 인문학적 관점, 상상하는 과정 그리고 시각화할 수 있는 경험이 체화된 미디어 리터러시로 구현될 수 있도록 학습자 중심의 콘텐츠를 개발하였다.

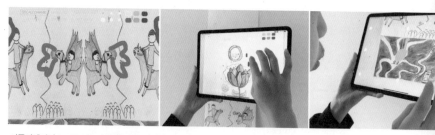

어플리케이션 AutoDrawing 사례(iOS/iPad기반)

현실. 가상. 확장된 상상을 위한 문화예술교육

기술과 예술의 융복합적 접근에 대한 문화예술교육 사례, 두 가지를 제시하고자 하는데 모두 증강 현실 기반의 콘텐츠이다. 증강현실은 현실의 이미지에 가상의 데이터 정보를 정합하는 기술로서 현실의 이미지, 영상, 음향 등을 증강시켜 복합적인 현실을 생성할 수 있다. 현실에서만 보고 듣고 만지던 것을 가상현실까지 확장함으로써 실재감, 현실감이 뛰어나 정보에 대한 몰입감을 높여준다. 기술적 측면에서 보면, 여러 방법들을 동원할 수 있지만 모바일 디바이스의 경우, 디바이스에 탑재된 센서를 통하여 대상을 인식하고, 컴퓨터 기반 추적 기술을 활용하여 어렵지 않게 화면을 출력할 수 있다.

문화예술교육에서 증강현실은 기술과 예술의 융복합적 접근이라는 관점에서 매우 유용하게 활용될 수 있다. 미래형 인재로서 요구되는 창의적 사고가 기술을 매개로 더 확장되고, 문제해결 능력과 사회적 소통 능력을 향상 시킬 수 있는 지점이 있기 때문이다. 따라서 증강현실 기술이 창의적 사고의 확장을 위한 예술적 도구로서 어떻게 활용할 것인가, 디지털 기술이 내포하고 있는 가상성을 어떻게 인식하여 사고의 지평을 확장시킬 수 있을까, 이런 문제에 대해 숙고하는 것도 중요한 과제일 것이다.

꿈다락 토요문화학교 '드림 아트랩 4.0'에 참여하면서 증강현실 기술을 활용하였다. 기존의 STEAM 교육에서 벗어나 자신과 타자에 대한 주제의식을 가지고, 기술 매체의 탐구와 활용을 통한 융복합적인 창의성 배양에 초점을 두어 프로젝트를 진행하였다. 자신과 타자 혹은 나와 사물의 연결성에 대한 새로운 접근을 위하여 현실과 기술의 유기적 연결에 의한 디지털 시대의 가상성을 사고할 수 있는 교육을 제공하고자 하였다. 브루노 라투어(Bruno Latour)의 행위자-네트워크 이론(Actor-Network Theory, ANT), 즉 사회는 인간뿐만 아니라 사물 혹은 조직들이 네트워크로 상호작용한다는 담론을 가지고, 인간과 대상/사물과 같은 비인간이 네트워크로 연결되고 지능화되는 지점에서 가상성을 바라보고자 하였다. 꿈다락 토요문화학교 <드림 아트랩 4.0:Life & Tech>프로그램은 자신을 대상으로 바라볼 수 있는 성찰의 표현과 자아의 세계를 가상으로 확장하여 경험하게 함으로써 자아가 세상과 '관계'되어짐을 고찰할 수 있는 프로그램이다. 특히 4차 산업혁명이나 매체 기술에 대한 이해도와 융복합 창작에 대한 이해, 그리고 복합 문제 해결 및 공동체 역량 등에 대한 교육적 효과가 매우 높았음을 참가자의 사전/사후 설문에서 파악할 수 있었다. 앞으로도 참여 대상의 확대와 프로그램의 지속적인 확산을 위하여 더욱 숙고해야 하겠다.

꿈다락 토요문화학교 <드림 아트랩 4.0:우연한 세상 유레카> 프로그램은 시공간의 가상성을 중심으로 증강현실 기술을 활용하여 자신의 실존적접근을 혼합공간으로 구현하며, 현실에서 가상으로 확장되는 공간을 경험하게 하는 프로그램이다. 자신의 현실 속에 가상의 공간을 만드는 <My Room>이라는 프로그램은 자아, 타자/사물/대상, 그리고 환경이 지니고 있는 관계성과 시공간의 정합을 가능하게 하는 가상성을 시각화하는 것이다. 학습자가 가지고 있는 창의적 사고들이 기술을 통하여 상상과 같이 구현되고, 디지털 미디어를 통하여 공유되고 확산될 수 있다. 본 프로그램에서 학습자는 증강현실로 자신의 공간을 표현하는 것에 가장 큰 관심을 보였다. 현실에서 가상의 데이터가 정합되거나 가상의 공간에 확장되어 시각화되는 것에 예술적 즐거움을 느낀다는 의견이 많았다. 이는 자신의 공간에 대한 실재와 가상성에 대한 차이를 인지할 수 있었으며, 현실과 가상의 접점에서 정합되는 시각적 표현의 확장성을 체험했기 때문일 것이다.

꿈다락 토요문화학교 드림 아트랩 4.0 : Life & Tech 프로그램(2019) 中 : 증강현실 기반 〈AR Drawing:나는 나〉
AR Drawing 프로그램 책임 기획 개발(전지윤)/Programming(Untitled_ART08)
주최:문화체육관광부/주관:한국문화예술교육진흥원/운영:사비나미술관/협력:서울미디어대학원대학교(SMIT)

꿈다락 토요문화학교 <드림 아트랩 4.0:우연한 세상 유레카> 프로그램은 시공간의 가상성을 중심으로 증강현실 기술을 활용하여 자신의 실존적접근을 혼합공간으로 구현하며, 현실에서 가상으로 확장되는 공간을 경험하게 하는 프로그램이다. 자신의 현실 속에 가상의 공간을 만드는 <My Room>이라는 프로그램은 자아, 타자/사물/대상, 그리고 환경이 지니고 있는 관계성과 시공간의 정합을 가능하게 하는 가상성을 시각화하는 것이다. 학습자가 가지고 있는 창의적 사고들이 기술을 통하여 상상과 같이 구현되고, 디지털 미디어를 통하여 공유되고 확산될 수 있다. 본 프로그램에서 학습자는 증강현실로 자신의 공간을 표현하는 것에 가장 큰 관심을 보였다. 현실에서 가상의 데이터가 정합되거나 가상의 공간에 확장되어 시각화되는 것에 예술적 즐거움을 느낀다는 의견이 많았다. 이는 자신의 공간에 대한 실재와 가상성에 대한 차이를 인지할 수 있었으며, 현실과 가상의 접점에서 정합되는 시각적 표현의 확장성을 체험했기 때문일 것이다.

꿈다락 토요문화학교 드림 아트랩 4.0:우연한 세상 유레카 프로그램(2020) 中 : 혼합현실 기반 〈My Room〉
〈My Room〉 프로그램 책임 기획 개발(전지윤)/Programming(Untitled_ART08)
주최:문화체육관광부/주관:한국문화예술교육진흥원/운영:사비나미술관/협력:서울미디어대학원대학교
(SMIT)

국립중앙박물관 <협력 R&D:4차 산업혁명 시대의 문화예술교육을 위한 증강현실 기반 융복합 콘텐츠 개발에 관한 연구>(이하 국립중앙박물관 협력 R&D 프로젝트)는 국립중앙박물관과 한국문화예술교육진흥원, 문화예술분야의 전문가와 교사들의 협력으로 박물관 방문이 어려운 지역의 초등학교 학생을 대상으로 설계되었다. 필자는 증강현실 기반으로 문화예술교육콘텐츠를 구현하였고, 그 내용은 대동여지도에 대한 <상상여지도>, 금속활자에 대한 내용의 <색동색>, 그리고 반가사유상에 대한 내용의 <끝없는 상상의 시작-생각하는 몸>으로 현실과 가상의 접점에서 이해할 수 있는 디지털 헤리티지 교육 콘텐츠(Digital Heritage Education)로 구현하였다.

이 중 <상상여지도>를 좀 더 살펴보면, 한 눈에 보기 힘든 실제 대동여지도를 증강현실 기술에 의해 돋보기로 자세히 관찰하듯 탐색할 수 있도록

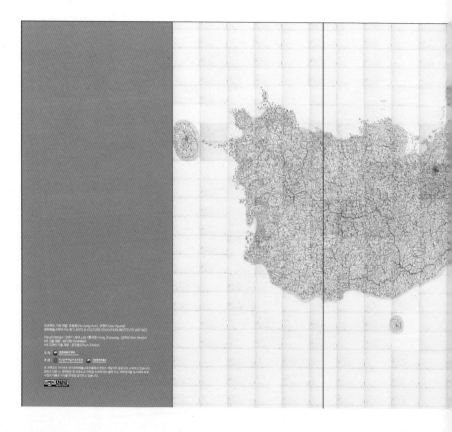

설계하였다. 학습자에게는 대동여지도가 만들어지던 시대의 우리나라의 지역별 역사적 상황을 이해할 수 있도록 인물, 경로, 지명을 찾아가며 학습할 수 있는 활동지와 함께 탐색용 어플리케이션<상상여지도>를 제공하였다.

대동여지도 탐색용 어플리케이션<상상여지도>구성 : 디지털 헤리티지 교육 콘텐츠(디지털 콘텐츠 총괄 기획_전지윤, Programming_Untitled(ART08)), 예술강사(애니메이션) 호중훈, 예술강사 주현아, 서상초등학교 교사 구선모
주최:문화체육관광부/주관:한국문화예술교육진흥원. 국립중앙박물관. 2018

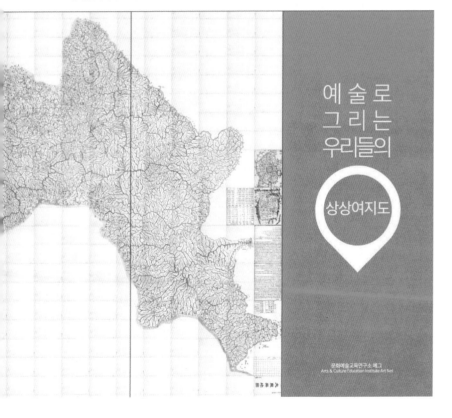

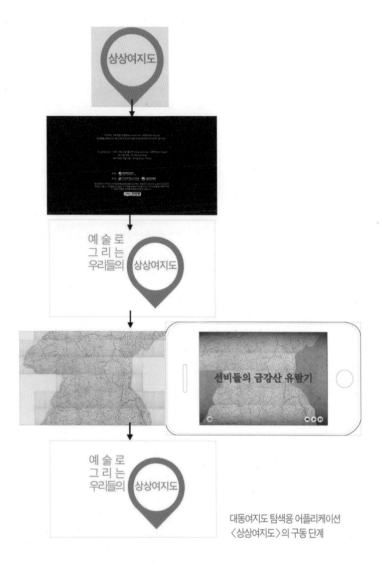

대동여지도 탐색용 어플리케이션
〈상상여지도〉의 구동 단계

어플리케이션 〈상상여지도〉는 우선 스마트 폰 화면에서 해당 어플리케이
션 아이콘을 터치하면 프로젝트에 관한 정보가 3초간 나타난 후 사라지고,
프로젝트 제목 '예술로 그리는 우리들의 〈상상여지도〉' 메인 화면이 나타
난다. 이어 메인 화면을 터치하면 스마트 폰의 카메라 센서가 작동하여 활
동지에 있는 대동여지도를 인식하게 된다. 즉, 대동여지도의 각 부분을 마
커로 인식하여 학습하는 동안 각각 마커에 대응되는 영상이 재생되는 구

조이다.

꿈다락 토요문화학교 '드림 아트랩 4.0'과 국립 중앙박물관 '협력 R&D 프로젝트'는 모두 증강현실 기반 문화예술교육 콘텐츠로 현실과 가상의 접점에서 대상을 인식하고 사용자 중심으로 정보가 정합되는 유형을 가진다. 이는 디지털 미디어가 가지는 본질적인 가상성을 현실에서 체험할 수 있으며, 주제적 인식에서 기술의 비판적 사고를 형성할 수 있기 때문에 생각의 재발견, 상상적 접근이라는 사고의 지평을 또 다른 차원에서 형성, 확장할 수 있는 사례가 될 것이다.

좌충우돌 그리고 전진

2010년 처음 모바일 아트를 시작한 후 스마트 미디어의 진화과정을 겪으며 스마트 미디어와 인간의 감각이 대응되는 지점을 살펴왔다. 다중센서가 탑재된 스마트 미디어가 인간의 감각을 확장시킬 수 있는 센서라 생각하고 단순하게 미디어로만 사용하는 것이 아니라 확장된 감각이 반응하여 출력하는 것이라 여겼다. 이를 문화예술교육에 반영하여 학습자가 보고, 듣고 그리고 만지면서 자신을 표현할 수 있는 콘텐츠로 설계하고자 하였다. 사실 초기 스마트 미디어는 인간-미디어의 상호작용(interaction)을 생성함에 있어 하드웨어적인 한계가 있었지만 기술적 진보를 거듭하여 별다른 제약을 느끼지 못할 상태까지 왔다.

스마트 미디어, 이제는 우리의 일상생활에 체화되어 익숙하게 사용하고 있으므로 융복합 문화예술교육 콘텐츠의 학습적 도구나 예술적 표현 도구로서도 활용 가능성이 높은 편이다. 따라서 스마트 미디어로 구현하는 증강현실은 사용자 중심의 학습도구로서 더 활성화될 것이며, 목적에 따라 그 활용도는 얼마든 높일 수 있을 것이다. 예술이 가지는 자유로운 상상, 그곳에 숨어 있는 창조적 접근을 통하여 인간의 창의력이 증진될 수 있는 문화예술교육을 꿈꾸고자 한다.

역발상을 통한
일석이조
과학수업

이주영

—

구덕초등학교 교사

아이들과 함께하는 시간을 사랑하고 과학교육에 관심이 많은 초등학교 교사로,
교육현장과 이론의 원활한 연계에 기여할 수 있는 연구자가 되기 위해 꾸준히 노력 중이다.

접시를 깨자!

교직 경력 12년차 초등학교 교사인 나는 어렸을 적부터 다른 과목보다 과학을 좋아하는 학생이었다. 초등학교 방과 후 과학교실에서 해봤던 암모니아 기체와 페놀프탈레인 용액으로 만들었던 분수 실험이 아직도 생생하게 떠오르고, 중학교 과학동아리 체험학습으로 고성에서 봤던 공룡 발자국 화석, 천문대에서 봤던 목성의 예쁜 고리를 보면서 신기해하며 학창 시절을 보냈었다. 이러한 과학에 대한 관심은 교사가 되어서도 계속 되었고 아이들에게도 나의 어린 시절처럼 과학에 대한 즐거움과 흥미로움을 알려주고 싶다는 생각을 가지고 교사로서 첫발을 내딛었다.

첫 담임을 맡았던 5학년, 그 다음 해의 6학년 아이들과의 과학수업은 즐겁기도 하였지만 한편으로는 안타까운 마음이 들었다. 분명 교육과정의 개정이 이루어졌고 학교에서 진행하는 과학교과에도 변화가 있었을 것이다. 하지만 여전히 과학은 개념과 그 개념을 확인하기 위해 내가 어린 시절 공부했던 내용과 별반 달라진 것이 없었다. 여전히 교과서 내용을 넘어선 새로운 혹은 심화된 개념, 원리, 실험을 위해서는 학교 밖 영재교실, 실험교실 등을 이용해야 하는 실정이었다. 의욕이 넘쳤던 신규시절 아이들에게 다양한 실험과 과학적 체험을 해주고 싶은 열정이 꿈틀거렸고 교과서에 제시된 내용 이외의 새로운 내용, 실험 등을 아이들에게 알려주었다. 하지만 과학교과에 할애할 수 있는 시간이 절대적으로 부족하였고, 실험을 위한 준비물, 예산 등 여러 가지 현실적 제약에 부딪히게 되었다.

그러던 중 영재기초연수를 들을 기회가 생겼고 지역별로 운영되고 있던 교육지원청 지역공동영재학급의 담임을 맡을 수 있는 기회가 생겼다. 2년 동안의 영재수업은 해당학년의 교과서 내용에 심화된 내용을 해당 교사가 교재를 제작하여 진행되었다. 이 경험을 통해 아이들에게 교과서에 제시된 내용 이외에도 다양한 내용, 또 학습의 방법이 존재한다는 사실을 알려줄 수 있었고 교사인 나에게도 기존의 교육과정 내의 개념 전달이 주가 아닝 새로운 방법으로의 수업을 과학교과에 적용해 볼 수 있는 기회가 되었다. 하지만 수업을 하면 할수록 내용적으로나 교수법적으로 부족하다는 생각을 하게 되었고 4년차 교사였던 나는 나를 좀 더 업그레이드 시켜보자는 생각으로 과학영재학과로 대학원에 진학하게 되었다.

2년의 파견 대학원 생활은 나에게 정말 많은 성장의 기회가 되었다. 다양한 영재프로그램을 접하게 되었고, 여러 학회에 참여하게 되면서 과학 교과목에 대해 깊이 생각해 볼 수 있게 되었고, 학생들에게 제시할 수 있는 콘텐츠가 방대하다는 것도 알게 되었으며, 접해보지 못했던 다양한 교수법에 대해서도 경험 할 수 있게 되었다. 하지만 무엇보다도 중요한 것은 교사의 정보제공을 통해 ①학생들이 스스로 사고 할 수 있고 ②학생과 교사가 함께 만들어 가는 과학 수업 ③과학을 다른 분야에 적용하여 문제를 해결할수 있는 힘을 길러주는 것이라는 생각을 가지게 되었다는 것이다.

과학교과의 궁극적인 목표인 과학적 탐구 능력과 과학적 태도를 함양하여 창의적으로 문제를 해결하는데 필요한 과학적 소양을 길러주는 것이 다가올 시대에서 요구되어지는 자질이라는 것을 대학원 재학기간 동안 몸소 체험하게 된 것이다.

교사가 제시하는 다양한 개념과, 실험을 체험하는 것도 중요하지만 이를 통해 학생들 스스로 기존의 방법을 뛰어넘어 창의적으로 사고하고, 새로운 실험을 계획해 보고, 주변의 현상에 대해 근본적인 물음을 가지게 되는 것이 가장 중요하다.

또 이런 새로운 도전을 교과와 동떨어진 시간이 아닌 과학 교과 교육과정 안에서 할 수 있도록 계획해 보자는 생각을 하게 되었고 이를 구체적으로 실천할 수 있는 방법을 찾아보게 되었다.

Fall in love with Assumption Reversal

내가 보았던 광고 중 단연 기억에 남는 문구는 '바나나는 원래 하얗다'이다. 당시 광고계에서도 상당한 주목을 받았던 것으로 기억한다. 오래전 기억 속에 인상 깊게 남아있던 이 광고의 기반이 바로 '역발상'이라는 것을 대학원 강의를 통해 알게 되었다. 역발상이라는 것이 창의적 사고를 기르기 위한 사고 방법 중의 한 가지이고 최근 경영, 경제 등의 분야에서 아이디어 생성 및 발상을 위한 구체적인 사고 틀(강성주, 2013)로서 제안되고 있다는 것이다.

역발상(Assumption Reversal)이란 문제에 대한 기존 생각이나 특징을 역으로 생각해 보는 사고 기법으로서, 현재의 상황을 전혀 다른 측면에서 해석할 수 있는 새로운 관점을 의미한다(여준상, 2004). 즉, 문제나 사물의 특징들을 반대로 혹은 거꾸로 생각해 보면서 문제해결 및 창의적 사고에 도움을 줄 수 있는 사고 기법이라 할 수 있다. 이러한 거꾸로 생각하기를 하는 것의 가장 좋은 점은 스스로 사고할 수 있는 기회를 가지게 된다는 것, 또 하나의 상황에 대해 뒤집어서 사고하는 과정을 통해 다양한 경우의 수를 확인하게 되어 사고의 범위가 확장 될 수 있다는 것이다.

경영이나 경제 분야 이외의 교육 분야에서는 역발상적 사고 기법의 가능성 탐색: 대학생들의 아이디어 생성과정의 특징을 중심으로(강성주 등,

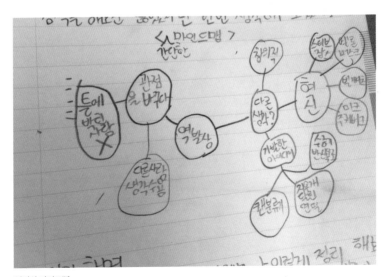

역발상 마인드맵

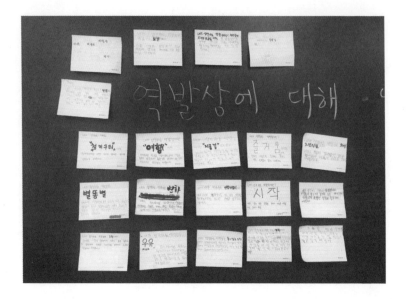

2013)에서는 창의적 문제해결의 아이디어 생성단계에서의 구체적인 방안으로 역발상적 사고 기법의 가능성을 확인하였고, 과학적 사례에 기반한 역발상적 사고 기법의 유형화(장혜정 등, 2014)에서도 역발상적 사고 기법의 구체적인 이해와 적용을 위한 유형화에 대한 체계적인 연구가 이루어졌다. 하지만 역발상적 사고 기법의 교육 분야에서의 효과와 가능성을 바탕으로 한 현실적이고 체계적인 교육에의 적용, 즉, 교과안에서 하나의 교수·학습방법으로 활용하고 연구된 적은 없었다는 것을 확인하게 되었다.

우연히 강의를 통해 다시 보게 된 역발상이 대학원 기간 동안 나의 연구 주제가 되었고, 새롭고 다양한 내용제시를 통해 학생들 스스로 사고 할 수 있는 과학적 소양을 길러주고 싶다는 고민들을 해결할 수 있는 실마리가 되었다.

연구를 진행함에 따라 역발상적 사고 기법이 가지고 있는 긍정적인 여러 가지 요소들을 창의적 문제해결이나 아이디어 생성 단계에서의 활용을 넘어서 과학교육이 가장 많이 이루어지는 교과시간 안에 적용할 수 있는 방법을 구체적으로 생각해 보았다. 그 방법은 역발상이 가진 본래의 특성인 창의적 사고 기법이다. 역발상 활용을 통해 교과학습 안에서 개념 이해도, 지식 탐구 의욕 향상 등의 효과도 함께 창출할 수 있으며, 역발상은 생각하는 방법에 관한 것이어서 과학 교과 이외 문화예술교과(국어, 음악, 미술, 체육 등)와의 효과적인 연계에도 도움이 될 것이라고 확신하게 되었다.

역발상 STEAM 교육 프로그램을 디자인하다

내가 원하는 형태로의 과학수업 진행을 위해서 프로그램 제작은 필수적이었다. 전 단원의 내용을 제작하기에는 내용이 방대하였고 시간상의 제약이 있었다. 따라서 역발상을 적용하기에 가장 효과적인 대상과 단원을 찾아 프로그램을 제작하고 그 효과를 먼저 확인해 보는 것이 중요하다고 생각되었다.

제작할 프로그램의 대상 학년은 함께 시행착오를 거치며 실험했었던 6학년이었다. 6학년은 형식적 조작기의 학생들로서 새로운 실험과 내용들을 조작하는 능력이 다른 학년의 학생들에 비해 뛰어나기도 하고 하나의 상황을 통한 예상, 추론이 필요한 역발상에 가장 잘 적응할 수 있을 것이라고 생각하였다. 또 문화예술의 소비자로서 자신의 삶 전체에서 문화와 예술을 향유할 수 있는 능력을 기르는 기초능력을 길러주기 위해서도 가장 적절

한 학년이라고 생각되었다.

　첫째, 학생들에게 다양하고 심화된 내용을 가르칠 수 있는 내용을 담을 것
　둘째, 따로 시간을 내지 않아도 되도록 교과교육과정안에서 수업할 수 있을 것
　셋째, 교과의 학습내용과 함께 학생들의 창의적 사고력, 문화예술소양을 동시
　에 기를 수 있을 것

위의 세 가지 내용을 큰 목표로 정하고 역발상프로그램을 개발하기 시작
했다. 프로그램의 개발원칙은 지속적으로 오개념을 보이는 개념이나 학생
들이 어려워하는 과학개념 중 6학년 과학 교육과정안에 포함된 개념을 1
차적으로 추출하였다. 또 장혜정이 제시한 6가지 역발상 유형은 학생들에
게 다소 어려운 단어, 내용 등이 포함되어 있어 이를 수정·보완하여 내용
뒤집기, 형식뒤집기, 생각뒤집기 3가지 유형으로 변형하여 프로그램을 개
발하였다.

역발상적 사고 기법을 활용한 과학 수업 프로그램 개발 원칙

주제	세부 활동 내용
1.역발상에 대해 알아보기	-역발상에 대한 소개 -역발상의 유형 알아보기 -역발상을 활용하여 온도계 만들어보기 -내가 생각하는 역발상이란?
2.생활 속의 역발상	-우리 주변의 역발상 사례 조사해보기 -일상 속의 물건, 사건 등을 스스로 역발상해보기
3.남반구에서의 달의 모양 알아보기	-같은 날 호주와 서울의 달의 모양 확인하기 -역발상을 통해 호주와 서울의 달의 모양이 다르게 보이는 원인 알아보기 -별자리와 달의 모양에 원리를 적용해보기 -별자리와 달의 모양과 관련된 곡과 음악가 알아보고 정리하기(음악 교과 연계)
4.남반구에서의 별자리 모양 알아보기	-같은 날 남반구와 북반구의 별자리 모양에 대해 예상해보기 -남반구와 북반구의 같은 날 달의 모양이 다른 것을 적용하여 별자리 모양이 다른 이유 확인하기
5.원자와 분자	-원자와 분자에 대해 알아보기 -원자와 분자의 존재를 확인하고 확인한 결과를 바탕으로 실험계획을 세우기(실험결과를 알고 실험설계를 세우는 역발상)
6.온도와 기체	-기체와 온도의 관계에 대해 생각해보기 -기체와 온도의 관계를 확인할 수 있는 다양한 실험 확인하기 -모둠별로 실험 설계하기(다양한 사례를 통한 역발상)
7.압력과 기체	-기체에 가하는 압력이 커질 때 기체의 부피 확인하기 -압력과 부피 변화의 원인-결과를 역발상해보기 -압력이 작아질 때 기체의 부피가 늘어나는 현상 생각해보기 -압력이 작아질 때 기체의 부피가 늘어나는 현상 실험해보기 -기체의 부피와 압력의 관계를 간격놀이를 통해 확인하기(체육교과 연계)
8.여러 가지 방법으로 산소를 발생시켜 보기	-동영상을 보고 산소의 성질 생각해보기 -기체발생장치를 이용해 산소를 발생 시켜보기 -역발상을 적용하여 산소 발생시켜보기
9.이산화탄소에 대해 반대로 생각해보기	-이산화탄소에 대한 부정적인 기사와 내용 확인하기(사회교과 연계) -역발상(관점뒤집기)를 통해 이산화탄소의 긍정적인 역할을 찾아보고 정리하기 -나태주 시인의 시 '풀꽃'을 활용하여 학습 마무리하기(국어,미술교과 연계)

역발상 활용 STEAM 교육 프로그램의 내용

꿩 먹고 알 먹고!

프로그램을 개발한 것은 교사인 내가 수업을 할 때 과학의 기본개념과 학생들의 창의적 사고력, 문화예술소양을 동시에 길러주기 위해 과학 교과의 교육과정 안의 내용을 기본으로 수업시간에 적용할 수 있는 것들을 정리하기 위해서였다. 즐겁고 새로운 과학 수업을 통해 학생들에게 조금이나마 더 도움 되게 할 수 없을까 하는 부족한 교사의 미천한 고민의 결과물이라고 할 수 있다. 내가 생각한 프로그램의 효과와 활용방안은 다음과 같다.

> 창의적 사고 기법의 하나인 역발상을 과학 교과에 적용
> 필수 과학 개념과 창의적 사고력, 문화예술소양을 함께 함양 가능

> 다양한 과학 개념을 역발상을 통해 가르칠 수 있음
> 다양한 교과에 역발상을 접목시킨 STEAM 프로그램 개발 가능

분명한 것은 제작한 프로그램을 학생들과 함께 진행했을 때 학생들이 얻을 수 있는 긍정적인 효과 또한 매우 다양하다는 것이다.

첫째, 기존의 과학 수업보다 높은 흥미를 가지게 되었다. 이는 학습 상황에서 매우 중요한 사항으로 학생들이 학습내용에 대한 흥미를 가지지 못한다면 효과적인 배움 자체가 일어날 수 없기 때문이다. 정해진 실험방법이나 순서가 아닌 역발상을 적용한 실험과 개념이해 방법은 학생들로 하여금 신선함을 불러일으킨 것이라 생각되고, 이러한 흥미는 역발상을 다른 지식이나 사고에의 적용을 가능하게 하고 학생들 스스로 생각해 볼 수 있는 기회를 제공함에 따라 학습자들의 사고의 범위가 확장되는 경험을 할 수 있게 하였다.

둘째, 역발상을 활용한 STEAM 수업은 학생들의 과학개념이해를 향상시켰다. 역발상이라는 창의적 사고 기법이 하나의 상황으로 다양한 예를 생각해 보는 기회를 제공해 주었고 이러한 기초과학 개념에 대한 다양한 사

고의 범위는 더 나아가 다른 과학개념이나 지식 등에 대한 탐구의욕 향상에 도움을 주어 깊이 있는 과학개념이해에 도움을 주었다.

셋째, 창의성을 기를 수 있는 사고 기법에 대한 관심을 가지게 되었다. 기존의 학교 수업에서는 창의적 사고 기법이나 창의성에 관련된 단순한 내용도 쉽게 경험할 수 없는 경우가 많다. 창의성을 계발하거나 신장시키기 위한 교육과정이나 활동 등의 노력이 학교 교육에서는 다소 미흡한 편이기 때문이다. 또 역발상을 활용한 수업은 우리 주변에서 쉽게 찾아볼 수 있는 거꾸로 생각하는 방법을 처음으로 학생들이 알게 되었다는 성취감과 새로움으로 다가왔다고 말하였다.

넷째, 과학과 문학, 음악, 미술 등의 예술분야가 분절되어 있는 것이 아니라 수업의 소재로서 또 일상생활 속 내용으로서 연결될 수 있다는 것을 학생들이 이해하고 다른 교과의 학습활동에도 해당 교과의 내용과 연계된 문화예술적 내용을 탐색하며 즐길 수 있는 문화예술 소양 함양을 위한 계기가 되었다.

나의 시행착오와 고민이 만들어낸 역발상 STEAM 프로그램이 새로운 과학교육의 발견과 과학교과와 문화예술교과와의 연계의 사례로써 조금이나마 도움이 되길 바라며, 오늘도 열심히 고민하고 또 고민해야겠다.

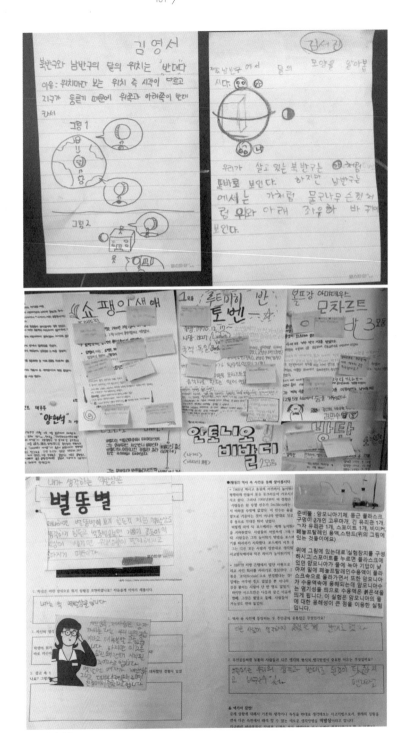

활동지 결과물

우연한 만남과
익숙한 헤어짐

배인숙

—

작가 및 기획자

음악과 사운드 분야에서 활동하고 있다. 기계의 작은 부분이나 익숙한 시스템을 변경하거나 단순화하여
새로운 의미로 해석하는 전시와 공연을 해왔으며, 어린이·청소년·일반인을 대상으로 작업과 연결되는 워크숍을 기획하고
진행하였다. 2013년부터는 다양한 곳을 찾아다니며 실험/전자음악회 하울링 라이브를 비정기적으로 열고 있다.

우연히 시작된 나의 예술교육가로의 첫 활동을 떠올려본다. 지금도 기억날 정도로 긴장 반 기대 반의 마음으로 아이들 앞에 섰는데 나의 예상과는 다르게 조용하고 엄숙한 분위기였다. 원래 아이들이 이렇게 조용한가 싶었으나 시간이 지나면서 여기저기 들리는 아이들의 다양한 목소리에 나도 모르게 마음이 편안해졌다. 지금 생각해 보면 2012년은 미술관을 중심으로 새로운 형태의 예술교육이 시작되던 시기였다. 지금과 비슷하게 주로 예술교육에 관심이 많은 부모님들이 신청하여 원하든 원하지 않든 수업을 듣게 된 참여자와 어린 시절 학교 밖 예술교육이라고는 피아노 학원밖에 다닌 적 없는 나와의 첫 만남은 어색할 수밖에 없었다. 그렇게 시작된 어색한 만남은 공간, 대상, 내용을 바꿔가며 현재까지 계속되고 있다.

예술교육가로 활동하면서 맞닥뜨렸던 문제와 고민은 작가로 작업을 할 때 부딪히는 일들과 사뭇 다른 차원의 것이었다. 시간이 지날수록 어떤 측면에서는 많이 숙련되었을지도 모르겠지만 여전히 예술가와 예술교육가 사이에서 혼란스럽다. 게다가 2020년부터는 이전에 생각지도 못한 비대면 예술교육이라는 새로운 방식으로 전환해야 하는 경우도 많았다. 하지만 우왕좌왕하고 파란만장한 2년을 보내고 나니 잠시 정체되었던 예술교육에 관한 열정도 살아나는 듯하다. 아직도 예술가와 예술교육가에서 혼란스럽지만, 그 길 위에서 예술교육의 한 조각을 채운 것은 과학기술이었다. 예술교육 프로그램에 재미있는 아이디어를 던져준 과학기술 분야를 예술교육에 적극 끌어들여 새로운 콘텐츠를 만들어나갔다. 사실 과학기술과 문화예술교육의 융합은 예술가와 예술교육가 사이의 혼란스러움만큼이나 혼란스럽고, 경계가 불분명한 것 같다. 반대로 그 불분명함, 혼란스러움, 새로움이 현재 융합의 매력이란 생각도 든다. 내가 생각하는 융합은 전혀 새로운 것이 아니다. 자신에게 가장 익숙한 것과 익숙하지 않은 것을 혼합해 보는 것이다. 지금은 예술과 가장 먼 곳에 있어 보이는 기술을 컴퓨터라는 도구의 도움을 받아 누구나 손쉽게 써 볼 수 있는 고마운 시대이다.

나와 같은 예술가, 예술교육가 뿐 아니라 융합예술에 관심은 있으나 선뜻 다가가지 못했던 분들, 자신의 기존 예술교육 프로그램을 기술과 결합하여 확장하고 싶은 분들, 작은 것이라도 문제를 해결하고자 하는 의지가 강한 분들, 상상력과 호기심이 많고 이를 표출하고 싶은 분들 외에도 다양한 이야기를 나누고 싶어 그동안의 경험을 풀어놓고자 한다.

배꼽인사와 존댓말

블록을 쌓아올리는 것처럼 쉽게 프로그래밍을 할 수 있도록 개발된 스크래치(Scratch) 수업을 초등학교에서 했던 경험이다. 문화예술기관이 아닌 학교 안에서 수업이 이루어지기 때문에 학생이 된 느낌으로 컴퓨터실로 들어갔다. 아직 아무도 오지 않았다. 쉬는 시간이 끝나는 종소리를 들으며 기다리니 아이들이 우르르 들어왔다. 20여 명의 아이들에게 스크래치를 소개하며 흥미를 유도하려고 매우 애를 썼지만 컴퓨터 앞에 앉은 아이들은 이미 흥분한 상태로 떠들기 시작했다.

스크래치로 할 수 있는 것은 무궁무진하다. 무궁무진하기 때문에 문화예술교육 프로그램에도 다양하게 접목할 수 있다. 학교에서 진행할 때 스크래치로 가장 먼저 하는 일은 게임에서 말하자면 캐릭터인 스프라이트에 대한 설명이다. 많은 스프라이트가 제공되지만 자신이 직접 그리고 색칠할 수도 있다. 이렇게 완성된 스프라이트를 방향키로 움직일 수 있고 색상, 크기 조정이 가능하다는 것만으로 많은 상상을 할 수 있다. 스크래치는 꼭 게임만 만드는 코딩교육 프로그램이 아니라 문화예술교육은 물론 더 다양한 부분에서 접근하여 게임 만들기에 관심이 없는 참여자도 관심 있는 쪽으로 사용할 수 있다. 또한 스크래치의 가장 큰 특징 중 하나는 완성하면 자랑하고 싶은 마음이 생긴다는 것이다. 20여 명의 아이들도 마찬가지였다. 옆에 앉은 친구들에게 열심히 설명하기에 자세히 들어보니 서로 존댓말로 대화한다. 서로 존중하는 마음을 가지기 위해 싸울 때도 존댓말로 해야 하는 규칙이 있다고 한다. 옆에서 들으니 절로 미소를 짓게 된다. 끝나는 종이 울리니 또 하나의 규칙인 서로 배꼽인사를 나누며 헤어진다. 스크래치와의 첫 만남은 이렇듯 배꼽인사와 존댓말이란 존중의 규칙 속 자유로운 분위기와 상상력이 더해져 무척 시끄럽고 즐거웠던 시간이었다.

이 첫 수업으로 스크래치와 문화예술교육 융합의 가능성을 봤고, 아쉬운 점도 있었다. 문화예술기관의 스크래치 수업은 참여인원이 주로 10명 이내라 일대일로 대화를 주고받으며 수업을 할 수 있지만 학교에서는 거의 불가능하다. 프로그램을 기획할 때 지금도 제일 중요시 여기는 요소는 인원이다. 일대일 관계가 성립해야 소통이 가능하고 다양한 변수도 적극 수용하며 수업을 진행할 수 있기 때문이다. 도시에 위치한 초등학교는 이러한 원칙을 적용할 수 없겠지만, 학교 안에서 이루어지는 예술교육만큼은 적은 인원수로 적극적인 소통 속에 활발하게 진행되길 바래본다.

목소리 피아노

레지던시 입주작가로 활동했던 시기에 사운드 과학기술이 더해진 스위치를 활용한 악기 만들기를 주제로 캠프형 예술교육프로그램을 진행했다. 다양한 장르의 작가들이 기획한 개성 있는 워크숍들이 동시에 열리는 꽤 큰 규모였다. 내가 준비한 프로그램은 따로 만든 피아노 건반을 모두가 함께 모아 커다란 피아노로 완성하는 것이었다. 협업하여 피아노를 만드는 의미도 있지만 모두의 목소리가 연주된다는 것이 더 중요한 프로그램이었다. 점선, 판, 버튼으로 각자의 피아노 건반을 만드는 과정은 단순하지만 꽤 집중력이 필요한 작업이다. 두 개의 판 사이에 스위치를 넣어야 하고 중앙장치까지 전선으로 고정하면서 가야한다. 자신이 맡은 건반이 그 자리에 없으면 해당되는 음의 소리를 낼 수가 없기 때문에 모두가 함께 해야 한다.

이런 점을 강조하지 않았지만 피아노 건반이 채워지는 것을 보면서 참여자들은 휴식 시간도 없이 모두가 함께 작업해 나갔다. 다른 워크숍 참여자들이 구경 올 정도로 열심히 작업한 목소리 피아노가 드디어 완성되었고 연주를 앞두고 있었다. 테스트를 위해 피아노 음을 넣어보았다. 신나게 아는 노래를 연주했고, 피아노 음은 어렵게 녹음한 참여자들의 목소리로 바꾸었다. 자기 목소리가 나오면 신기해하고 재밌어할 줄 알았지만, 참여자들은 목소리가 듣기 싫다며 피아노 음으로 바꾸어 달라고 했다. 모두의 의견을 받아들여 목소리 피아노는 피아노로 급하게 변경되었다. 마지막 날 밤, 발표회를 위해서 아이들은 각자 좋아하는 음악의 악보를 스마트폰으로 찾아 연주를 했다. 한번에 한 사람만 연주가 가능해서 줄을 서서 기다려야 했다. 그 모습을 지켜보며 이렇게 피아노 연주를 좋아하는 줄 알았다면 그냥 피아노 한 대 빌려 놓을 걸이란 생각도 들었다.

캠프형 프로그램은 내가 거주하는 공간에서 예술교육활동이 이루어진다는 점이 장점이자 단점이다. 일정이 끝났음에도 일이 이어져 육체적으로 힘들지만, 긴 호흡과 교감을 나누며 생각했던 것을 다 시도해볼 수 있는 기회가 되기도 한다. 무엇보다 특별한 경험은 주어진 워크숍 시간 이외에도 함께 식사를 하고 동네 산책을 하다 같이 아이스크림을 사먹는 소소한 일상이다. 지금도 생생할 정도로 특별했던 기억은 함께하는 문화예술교육의 가치를 자연스레 떠올리게 한다.

도깨비 시장

시청 앞 광장에서 전기가 통하는 구리테이프 장갑을 끼고 서로 악수를 하면 찌릿찌릿 소리가 나는 주제로 체험형 예술교육프로그램을 다른 작가와 함께 진행했던 적이 있다. 워크숍이 있는 현장에서 신청을 받아 부스형태로 진행된다는 간단한 정보만을 숙지하고 열심히 재료를 준비했다. 대다수의 융합교육 프로그램은 시판된 키트를 사용하는 경우가 많은데 가격이 비싸 예산에 맞지 않고 내가 원하는 기능이 없는 경우가 많기 때문에 나의 경우 대부분 수작업으로 제작한다. 현재는 가격도 낮아지고 성능도 좋아져 구입하여 쓰는 경우도 많지만, 당시 워크숍의 주요 도구제작에는 많은 공정이 들어갔다. 함께 하는 작가와 도구를 제작하면서 긴 준비 시간에 배보다 배꼽, 즉 실제 예술교육시간은 짧은데 준비 시간이 배로 걸리는 상황이었다. 그러나 야외라는 새로운 환경과 준비하는 아이템이 재미있어서 즐거운 마음이 가득했었다.

열심히 준비한 재료들을 현장에서 드디어 실행하는 날, LED를 저항과 건전지로 연결한 후 불이 들어오고, 스피커와 전선을 연결하자 소리가 날 때 우리는 세상을 다 가진 것처럼 기뻤다. 체험 워크숍은 시간이 짧아 단계별로 진행하더라도 과정 중에 생각하는 시간이 대부분 생략되기 때문에 항상 아쉽지만, 원하는 결과를 얻지 못할 때도 배울 점이 있다. 차근차근 처음부터 확인을 하면서 잘못된 것을 하나씩 잡아낼 때의 희열도 잘 작동되는 결과물이 주는 기쁨만큼 즐겁다.

기쁨만큼 아픔도 있었다. 밀려든 신청자들을 다 소화하지 못하고 나중에는 원리를 설명할 수 없을 정도로 목이 아파졌다. 게다가 기다리다 지친 학부모님들의 항의로 충격을 받기도 했다. 우리가 준비한 프로그램이 학부모님들에게는 과학수업처럼 보였을까, 수업이 아닌 놀이로 편하게 생각해 주면 안 되는 걸까, 여러 가지 생각이 들었다. 지친 우리는 끝나자마자 빛의 속도로 그 자리를 벗어났다. 지금도 다시 해보고 싶은 즐거운 아이템인데 실행했던 현장의 아쉬운 기억으로 이후에도 불특정 다수를 위한 체험형 예술교육프로그램은 한번 더 생각하게 된다.

또 하나, 재료에 대해서도 꼭 하고 싶은 말이 있다. 융합교육의 중요성을 외치면서 1만 원 이내로 재료비를 제한하는 학교, 4차산업을 외치며 AI로봇과 해외의 비싼 장비만 갖추기 급급한 기관도 보았다. 둘 다 별로 바람직한 모습은 아니라고 생각한다. 컴퓨터만으로 많은 것을 할 수 있고 간단한 회로로도 재미있는 프로그램을 만들 수도 있지만 풍부한 재료가 필요한 프로그램도 있다. 융합예술교육이라는 이름으로 1차시 2시간으로 구성된 프로그램에 너무 많은 것을 기대하는 것이 아닐까? 체험이라는 이름으로 주입식 예술교육을 펼치는 것은 아닐까? 기관, 예술교육을 기획하는 사람, 예술교육가 등 모두가 함께 고민해야 할 문제이다.

모든 것이 프로젝트

지금은 없어진 홍대역 근처 넓은 카페에서 나는 매우 흥미로운 미팅을 하게 되었다. 게임회사가 청소년을 위한 공간을 만드는데 파일럿 예술교육프로그램을 함께 만들어보자는 제안을 받게 된 것이다. 첫 미팅은 주제에 상관없이 여러 가지 아이디어를 던져보는 시간이었다. 몇 번의 미팅을 거치며 무엇을 할 것인가에 대한 구체적인 모습이 갖추어졌다. 회사와 문화예술교육기관을 비교해볼 때 가장 큰 차이점은 프로그램을 진행하는 데 필요한 행정적 절차가 없거나 간소하다는 것이었다. 외부에서 보게 될 결과에 대해서도 관심이 없는 듯 보였다. 요즘 예술교육을 주관하는 기관들이 점점 영상촬영과 아카이빙에 몰두하고 정작 프로그램에 대한 다각적 지원에 대해서 고민하지 않는 모습과는 대조적이었다. 프로젝트형 예술교육을 진행하기 위해서는 정말 많은 준비와 서로의 협력이 필요하다. 또한 같은 공간에서 동시에 이루어지는 프로젝트들이 있다면 전체적인 방향성과 이를 총괄하는 기획자의 역할도 더욱 중요하다는 것도 이 시기에 깨달았다.

첫 번째 프로젝트는 작은 회사가 콘셉트였다. 첫 출근한 참여자들은 이름과 직급이 표기된 이름표, 회사 유니폼을 지급받고 배정된 자리에 앉는다. 4일 동안 똑같은 시간에 출근하여 하는 일은 단 하나다. 가득 쌓여져 있는 버튼이 있는 장난감을 분해하여 우리의 공간 안에 다시 설치하여 작동하게 만드는 일이었다. 장난감 버튼들은 초인종이 되어 회사 정문에 달리기도 했고, 풋 스위치가 되어 발로 밟으면 비눗방울이 나오는 깜짝 인테리어 용품이 되기도 한다. 계속되는 장난감 해킹을 하면서 자연스럽게 버튼, 스위치의 원리를 알게 되고 나아가 무엇을 버튼과 연결할 것인가에 대한 아이디어 구상으로까지 이어진다. 프로젝트가 끝날 무렵 회사 공간 안에는 우리가 해킹했던 많은 버튼들이 여기저기 숨겨져 매우 어수선하게 작동된다. 회사라는 공간 콘셉트와 역할, 장난감이라는 부담 없는 오브젝트, 각종 도구가 있는 아늑한 개인 공간의 균형이 맞춰져 단순한 업무가 계속되었지만 모두 진지한 태도로 임했던 프로젝트였다. 이 프로젝트가 끝나고 예술교육 프로그램의 형태가 프로젝트형으로 구상될 때 서로의 만족도가 높다는 것을 다시 한번 확신하게 되었다. 대부분 학교를 다니고 있는 어린이나 청소년들에게는 무엇을 배우는 사람이라는 역할은 이미 너무 익숙하고 잠시 떠나고 싶을 때가 있을 것이다. 그럴 때 예술교육 프로그램 속에서 새로운 역할을 맡아 새로운 일을 해본다면 또 다른 세상과 마주하게 되리라 생각한다.

몰입의 즐거움

예술교육 프로그램 참여자에게 종종 메일을 받을 때가 있는데 가장 기억에 남는 메일이 있다. 메일을 보내신 분은 초등학교 교사였는데, 요약하면 자신이 오랜만에 즐겁게 머리를 써서 뿌듯하다는 내용이었다. 즐겁게 머리를 써 보는 것, 어쩌면 이것이 핵심일지도 모르겠다. 즐겁게 머리를 쓴다는 것이 가능할까? 머리 아프다는 말은 있지만 머리 즐거워라는 말은 들어 본 적이 없는데 즐겁게 머리를 썼다는 표현이 신선하게 느껴졌다. 특별히 한 것도 없는데 왜 그분은 그렇게 느꼈을까?

그 수업은 초등학교 교직원 대상의 2차시로 진행되었다. 신청하신 분들의 연령대도 천차만별이었다. 여러 가지 아이템 중에 고민하다 교사들의 학교 수업 형식과는 다른 형태로, 최신 정보를 알려 드려야겠다고 결정했다. 지금은 전혀 신기하지 않지만 몇 년 전만 해도 모르는 사람이 많았던 3D프린터 이야기로 수업을 시작했다. 만들고 싶은 것들에 대한 아이디어를 공유하며 집에 굴러다니는 10원을 모을 수 있는 저금통을 구상하게 되면서 저금통 프로젝트가 탄생했다. 간단한 기능을 익히면 사용할 수 있는 비교적 쉬운 3D 모델링 프로그램인 틴커캐드로 모델링을 시작했다. 역시 다들 헤맸고 나조차도 잘되지 않았다. 특히 더 어려웠던 점은 10원이 채워지면 진동이 울리면서 저금통이 열려야 하는 작동까지 염두에 둬야 했기 때문이다. 끝날 무렵 완성된 분들만 파일을 받아 메이커스페이스에서 출력을 했다. 2차시에 첫 출력이라 제대로 나오지 않은 부분도 있었고 10원도 잘 들어가지 않았지만 모두 신기해하였다. 학교에 돌아가서 제대로 출력해 보겠다는 다짐을 하는 참여자도 있었다.

이 프로그램을 구상하기 전에 내가 디자인 분야가 아닌데 이런 것을 해도 될까라는 의심이 들었다. 하지만 저금통 프로젝트를 마치며 앞으로 내가 잘 아는 분야로 예술교육 프로그램의 영역을 제한하지 않기로 했다. 새로운 영역은 줄곧 잠자고 있는 나의 머리를 깨워 몰입의 즐거움을 선사해 줄지 모른다는 기대를 가지게 된 것이다.

직업으로서의 예술교육가

마지막 주제로 1년 동안 직업으로서의 예술교육가가 되어 지냈던 경험을 쓰고자 한다. 그동안 창작 작업을 하면서 드문드문 예술교육가의 활동을 병행하였다면 2019년은 기관에 소속되어 그 어느 해보다 활발한 예술교육가 활동을 하게 되었다. 관련 기관 직원들의 많은 지원 및 규칙적 급여

는 예술교육에만 몰두하기에 충분한 환경이 되었다. 그러나 시간이 갈수록 직업으로서의 예술교육가가 나와는 별로 맞지 않는다는 걸 깨닫게 되면서 행복하지 않았다. 더 정확히 말하자면, 일방통행으로 이루어지는 교육의 형태를 별로 좋아하지 않는다는 것을 알게 되었다. 매번 같은 내용을 변형 없이 기계처럼 되풀이하는 것에 회의를 느끼게 되었고 창의적 예술교육이란 어떤 것일까라는 질문을 스스로 하게 되었다. 이런 고민은 지금도 계속되고 있지만 결국 자기중심적 방법으로 창의를 강요하거나 어떤 틀 안에 갇혀있는 것이 아닐까란 생각이 들었다. 곰곰이 생각해 보면 나는 예술교육가라기보다는 예술교육이라는 이름으로 재미있는 일을 계획하고 같이 해 보는 것을 좋아하는 사람 같다. 참여자들과 연결되는 주제로 예술활동을 기획하는 것. 그것이 내가 생각하는 예술교육의 전부라고 생각한다. 융합이란 내가 잘 아는 분야와 모르는 분야가 만나며 생기는 또 다른 재미다. 그렇다면 가장 중요하게 생각해야 하는 재미란 무엇일까? 재미를 느끼는 지점도 사람마다 다르지만 예술가가 아니더라도 예술활동을 하면서 자신의 새로운 재미를 얼마든지 발견할 수 있다. 직업으로서의 예술교육가 생활은 스스로에게 실망도 많았지만 예술교육도 개인작업과 마찬가지로 다양한 접근으로 고민하고 계속 수정, 변화해야 한다는 확신을 가지게 되었다. 예술가와 예술교육가 사이에서 과학기술과 문화예술교육의 사이에서 끊임없이 수정하고 변화하다 보면 무엇인지 모르지만 재미있는 융합 프로그램과 마주할 수 있지 않을까? 그런 확신으로 오늘도 새로운 경험으로 채우고자 한다.

지난 10년 동안 다양한 예술교육 현장에서 느꼈던 경험과 에피소드를 떠오르는 기억의 순으로 정리해보았다. 각 글의 제목은 프로그램을 진행하면서 강하게 떠올랐던 인상을 짧은 한 구절이나 문장으로 나타낸 것이다. 예술교육 현장에서 프로그램을 통하여 만난 우리 사이를 어쩌면 우연히 만나 익숙해지면 헤어지는 관계라고 생각해 전체 제목을 '우연한 만남과 익숙한 헤어짐'으로 정했다. 또한 자유로운 글쓰기를 위해 진행했던 프로그램명, 관련 기관명은 쓰지 않았다.